그리스도와 문화

Christus en Cultuur
Copyright ⓒ 1988 Uitgeverij T. Wever B.V., Franeker
Published by Uitgeverij Van Wijnen
Zilverstraat 14, 8801 KC Franeker, the Netherlands

This edition published by arrangement
with Uitgeverij Van Wijnen through arrangement of rMaeng2, Seoul, Republic of Korea.

All rights reserved.
This Korean Edition Copyright ⓒ 2017 by Jipyung Publishing Company, Seoul, Republic of Korea.

이 한국어판의 저작권은 알맹2 에이전시를 통하여 Uitgeverij Van Wijnen와 독점 계약 한 지평서원에 있습니다.
신 저작권법에 의하여 한국 내에서 보호받는 저작물이므로 무단 전재와 무단 복제를 금합니다.

그리스도와 문화

클라스 스킬더 지음 | 손성은 옮김

지평서원

차례

: 추천의 글 • 8
: 옮긴이의 글 • 14

1부 안개에 둘러싸인 심각한 현실
    1 주제의 중요성: 천국과 지옥 • 18
    2 주제의 난해성: 우리의 현실 • 20
    3 주제가 난해한 여섯 가지 이유 • 23
    4 지금 우리는 안개에 둘러싸여 있다 • 33
    5 해결책: 예수 그리스도, 그리고 문화적 삶 • 37

2부 안개 속에 머물러 있게 하는 시도들
    6 잘못된 해결 방식 1 _기독교와 문화적 삶 • 40
    7 잘못된 해결 방식 2 _예수와 문화적 삶 • 47
    8 '예수'에 대한 오해 • 53
    9 잘못된 해결 방식 3 _'교회' 자체의 잘못 • 61

3부 안개를 뚫고 나오기 위한 올바른 모색

10 문화의 관점에서 본 예수님의 생애의 성경적 개요 • 68

11 올바른 해결 방안_예수 그리스도와 문화 • 76

12 성경에 계시된 그리스도의 직무의 본질 • 78

13 첫째 아담과 둘째 아담의 직무 • 86

14 그리스도께서 수행하시는 두 가지 직무 • 90

15 그리스도의 직무 완성의 결과 • 94

16 문화의 정의 • 101

17 본래의 상태로부터 타락한 것의 의미 • 113

18 '일반은총'이란 가능한가? • 119

19 그리스도로 말미암아 회복된 문화적 사명 • 128

4부 불필요한 오해들

   20 세 가지 오해들 • 146

   21 적그리스도와 문화 활동 • 161

   22 하나님의 왕국과 문화 • 165

5부 성경적인 문화관에 관한 일곱 가지 결론

   23 성경적인 문화관 1 _유일한 문화는 없다 • 172

   24 성경적인 문화관 2 _문화는 구체적인 섬김이다 • 178

   25 성경적인 문화관 3 _문화는 때때로 자제가 필요하다 • 181

   26 성경적인 문화관 4 _문화 사명은 태초부터 주어졌다 • 188

   27 성경적인 문화관 5 _교회는 가장 간접적인 문화 세력이다 • 196

28 성경적인 문화관 6 _그리스도 없이는 참된 문화도 없다 • 212

29 성경적인 문화관 7 _문화는 끝이 없는 과제이다 • 217

추천의 글

"카이퍼는 하나님께서 불신자에게도 죄를 억제하며 외적으로 자연을 정복하는 능력과 기회를 주신다고 생각한다. 그리고 그것을 일반은혜라고 말한다. 반면 스킬더는 경건과 분리된 문화는 저주일 뿐, 결코 은혜가 아니라고 생각한다. 스킬더는 하나님의 문화명령이 오직 그리스도인을 향한 것이라 말하며, 그것을 일반소명이라고 표현한다. 카이퍼의 일반은혜를 주장하든 아니면 스킬더의 일반소명을 지지하든, 그것은 독자가 판단할 몫이다. 그러나 분명 이 책은, 그리스도인으로서 이웃과 더불어 산다는 것이 무엇인지를 알려 주고, 교회의 울타리를 넘어서는 문화에 관하여 그리스도인이 신앙적 책임을 져야 한다는 중요한 사실을 환기시키는 데 크게 기여할 것이다."

_김병훈 교수(합동신학대학원대학교 조직신학)

"클라스 스킬더는 20세기를 살았던, 가장 뛰어난 개혁신학자 중 하나이다. 그를 통해 우리는 개혁신학이 성경과 개혁교회의 신앙고백에 깊이 뿌리내리면서도 창의적이고 자유로운 신학이 될 수 있음을 배우고 알게 된다. 우리는 이 책을 통해, 아직 한국 교회에는 거의 알려지지 않은 개혁신학자 스킬더를 만나는 첫 기회를 얻게 되었다. 이 책은, 개혁신학의 관점에서 언약의 중보자 직분을 가지신 그리스도를 중심에 두고서 그분을 본받아 세상 속에서 일하며 삶과 문화를 이해하고 창조해 가고자 하는 모든 개혁교회 성도들에게 필독서가 될 것이다."

_김재윤 교수(아세아연합신학대학교 대학원 조직신학)

"손성은 목사에 의해 클라스 스킬더의 『그리스도와 문화』가 우리말로 번역, 출판되어 기쁘다. 이 책에 기술된 내용은 1932년에 '예수 그리스도와 문화생활'이라는 제목으로 다른 책의 한 부분으로 발표되었다가 1947년에 독자적인 한 권의 책으로 출판되었으며, 이후 1953년, 1968년, 1978년에 계속 출판되었다. 스킬더는 네덜란드 캄펜 출신의 탁월한 신학자요 영성이 충만한 교회 지도자였다. 그는 아브라함 카이퍼의 낙관적인 문화관에 반대하여 그리스도 중심적인 문화관을 펼친 것으로 유명하다. 그는 카이퍼 식의 일반적 문화 활동에 부정적인 입장을 취하였고, 교회를 중심으로 하는 참된 문화 활동을 강조하였다. 그의 열정과 예언자적 통찰이 오늘날 한국 교회에 큰 도움이 되리라 생각한다."

_변종길 교수(고려신학대학원 신약학)

"클라스 스킬더의 『그리스도와 문화』가 우리말로 독자를 만나게 되어 기쁘다. 이 책은 아브라함 카이퍼가 일반은총에 근거하여 '영역주권'을 전면에 내세웠을 때, 이에 대한 신학적 응전의 형태로 세상에 모습을 드러냈다. 카이퍼는 일반은총론에 근거하여, 죄와 타락에도 불구하고 신자와 불신자가 공유하는 지점, 즉 교집합을 이루는 지점이 있다고 강조했다. 이에 반해 스킬더는 신자와 불신자, 신자의 문화와 불신자의 문화가 반목할 뿐이라는 입장을 취하면서, 일반은총의 긍정적 사용을 부인하는 쪽으로 사유를 전개하였다. 이와 더불어 스킬더는 그리스도를 중심으로 바라보는 문화를 내세웠다. 둘 사이의 논쟁은 아직 완결되지 않은 상태로 남아 있으며, 최근에는 마이클 호튼(Michael Horton)이나 데이비드 반드루넨(David M. VanDrunen)이 이끄는 '에스콘디도 신학'에서 재현되는 것이 아닌가 생각된다. 머지않아 카이퍼의 일반은총론에 관한 책들이 영어로 번역, 완간될 것으로 보이니, 관심 있는 독자들의 비교 연구가 이루어지지 않을까 싶다. 사유의 지평을 확장하기 위하여 일독을 권하는 바이다."

_유태화 교수(백석대학교 신학대학원 조직신학)

"클라스 스킬더는 카이퍼와 바빙크가 대변했던 신칼빈주의(Neo-Calvinism)를 비판적으로 계승하고 발전시킨 화란의 개혁주의 신학자이다. 그의 탁월한 신학 저술 가운데 하나인 『그리스도와 문화』가 우리말로 소개되는 것을 환영하는 바이다. 이 글은 원래 1932년에 '예수 그리스도와 문화생활'이라는 책자의 일부로 출간되었다가 1947년에 단행본으로 간행되었다. 그리고 그 이후로 현재까지도 많이 읽히고 있으며, 일찍이 영어로도 번역되어 기독교 문화관이나 일반은총론의 논의에서 많이 언급되어 왔다. 성경과 개혁교회 신앙고백서에 근거하여 새로운 시대 상황에 적합한 개혁신학과 사상을 개진하려고 했던 스킬더의 독보적인 기여를, 이 주요한 저술 속에서도 확인하게 될 것이다. 역사적 개혁주의 노선에서 개진된 문화관과 일반은총론에 관심을 가진 독자들은 본 서를 통해 유익을 얻을 것이다."

_이상웅 교수(총신대학교 신학대학원 조직신학)

"여기 클라스 스킬더의 『그리스도와 문화』가 우리말로 주어졌다. 한국 그리스도인들에게 큰 선물이 아닐 수 없다. 이 책은 리처드 니버(Richard Niebuhr)의 *Christ and Culture*(그리스도와 문화) 이전에 나온 책이며, 니버가 변혁 모델로 제시한 '개혁파적인 문화 이해'를 잘 드러낸 책이다. 헨리 반틸(Henry Vantil)의 *The Calvinistic Concept of Culture*(칼빈주의 문화관)이 스킬더의 문화 이해를 카이퍼와 비교해 잘 설명하였으며, 김재윤 교수가 『개혁주의 문화관』(서울: SFC, 2015)을 통해 스킬더의 문화 이해를 소개한 바 있다. 그리고 이제 한국의 독자들이 그의 글 자체를 전체 문맥 속에서 읽을 수 있게 되어 감사하지 않을 수 없다. 부디, 스킬더가 일반은총이라는 말을 피하기는 하지만 그 개념을 버리기보다는 그것이 동시에 심판적인 측면도 가진다는 의도를 잘 파악하여 더욱 온전한 기독교 문화 운동을 펼쳐 나가기를 바란다. 이 글을 그저 카이퍼 학파와의 논쟁에만 집중하여 읽는 것은 소모적인 일이다. 두 사람 모두가 기독교적 문화 활동을 우리 주님을 섬기는 일로서, 그리고 하나님 나라의 일로서 강조하고 있음을 의식하면서, 우리 모두가 이 땅의 문화를 변혁하여 진정 하나님이 보시기에 아름다운 문화를 드러내는 책임을 잘 감당할 수 있게 되기를 바란다."

_이승구 교수(합동신학대학원대학교 조직신학)

옮긴이의 글

_손성은 목사(천국제자들교회 담임)

『그리스도와 문화』는 제가 지금까지 번역한 책들 중 가장 오랜 시간을 들이고 가장 힘든 작업을 거쳐 출간되는 책인 듯합니다. 사실 2005년도에 초벌 번역을 끝내 놓았지만, 그 표현들의 미묘한 뉘앙스 차이로 인하여, 과연 내가 그 내용을 제대로 이해하면서 번역한 것인지 스스로 의구심이 들 정도였습니다. 그래서 헨리 반틸의 *The Calvinistic Concept of Culture*(칼빈주의 문화관)에서 스킬더의 문화관을 다룬 장과, 후학들이 스킬더의 삶과 사상을 회고하면서 발간한 책인 *Always Obedient*에 실린 고재수 교수의 글, 'Schilder on Christ and Culture'를 번역하기도 하고, 스킬더의 다른 글들도 할 수 있는 한 많이 읽어 보려고 하였습니다. 특히 그리스도의 수난에 집중한 그의 삼부작 설교집에서 여러 부분을 기회 있는 대로 번역하여 묵상하면서, 본 서『그리스도와 문화』와 관련된 주제들의 연관성을 이해해 보려고도 하였습니다.

그러다가 마침내 2014년도에 여섯 달의 안식 기간이 주어져 이 책을 재번역하게 되었습니다. 이때, 화란어 원본이나 영역본에는 없지만, 독자가 전체적인 주제의 흐름을 더욱 쉽게 파악할 수 있도록 각 장마다 제목을 달기도 하고, 주제에 따라 단원을 구분해 보기도 하였습니다. 내용을 이해하는 데 나름 자신감을 가지게 된 것입니다.

그렇게 길지 않은 내용이지만 그 속에 압축되고 정제된 개념들을 우리말로 표현한다는 것은 쉬운 일이 아닙니다. 그래서 지평서원 편집부에서 독자들이 읽어 가기 쉽도록 문장을 다듬는 일이 무척 힘들었으리라 여겨집니다. 그런 데다가 2015년에 개척한 교회의 목회 활동을 감당하느라 교정 작업에 참여하여 마무리하는 일도 그리 여의치 못하였습니다.

초역 이후 열두 해가 지나고 드디어 이렇게 이 책이 빛을 보게 되었습니다. 오역의 책임은 번역자인 저의 몫입니다. 이 책이 나오기까지 수고하신 모든 분들에게 감사하며, 공을 돌리고 싶습니다.

이제 오랜 산고를 겪은 후에 이 책이 출간되는 것을 보는 일은 큰 기쁨이요 영광입니다. 오직 우리 주 예수 그리스도의 인격과 사역, 특히 그 삼중직분(선지자-제사장-왕)에 기초하여, 모든 그리스도인들이 하나의 문화사역자임을 깨닫는 데 본 서가 일조하게 되기를 바랄 뿐입니다.

Carpe Diem, Coram Deo, Pro Rege!

2017년 3월
천국제자들교회당 베어드 목양실에서

1부
안개에 둘러싸인 심각한 현실

1

주제의 중요성: 천국과 지옥

"그리스도와 문화"라는 주제는 기독교가 세상에 등장한 이래로 오랜 세월 동안 많은 이들의 관심사였다. 좀 더 정확히 말하면, 그보다 수세기 전부터 그래 왔다. '그리스도'라는 헬라어 명칭은 '메시아'라는 히브리어 단어를 번역한 것이다. 메시아를 기대하던 구약 시대 사람들은 '메시아(그리스도)'와 '문화'에 대해 생각하고 다투고 예언했으며, 그것에 대항하여 반역하기도 했다. 만일 우리가 지금 기술하려는 바가 참이라면, 오랜 시대에 걸쳐 숙고되어 온 이 주제는 오늘날뿐만 아니라 마지막 날까지 기쁨이나 슬픔을 동반하며 지속적으로 관심을 받게 될 것이다. 이 문제에 대한 완전한 해답은 역사 속에서가 아니라, 마지막 날에 가서야 드러날 것이다. 시간이 지남에 따라 점점 발전하여 자연스럽게 해답을 얻는 것이 아니라, 그리스도의 파국적 재림(catastrophic parousia)을 통하여 그

답이 제시되는 것이다. 그러므로 그리스도와 문화에 관한 투쟁의 최종 결과가 드러날 때 찾아올 큰 기쁨과 깊은 슬픔은 마지막 날에나 맛볼 수 있을 것이다. 여기에서 우리는 긴장감을 불러일으키는, 천국과 지옥이라는 두 개의 단어를 만나게 된다.

2

주제의 난해성: 우리의 현실

앞에서 이미 밝힌 대로, 우리가 여기서 다룰 주제는, 이교도들이 섣불리 관심 분야에 포함시킬 만한 것도 아니며, 사려 깊은 그리스도인들이 사변적인 논쟁을 통해서만 해답을 제시할 만한 것도 아니다. 그리스도와 문화의 관계에 대한 문제는 기독교적인 사고와 행동에 대한 근본적인 물음과 직결된다. 그러므로 그리스도인은 반드시 이 문제에 대해 거듭 따져 보아야 한다. 그렇게 하지 않는다면, 자신에게 주어진 직접적인 소명을 무시하는 것이다. 하이델베르크 요리문답 제11주일 문답[1]이 제시

---

1) 역자주 - 하이델베르크 요리문답 31문답
   질문: 그분을 왜 그리스도, 곧 기름 부음을 받은 자라고 부릅니까?
   답: 왜냐하면 그분은 성부 하나님으로부터 임명을 받고 성령으로 기름 부음을 받으셨기 때문입니다. 그분은 우리의 큰 선지자와 선생으로서 우리의 구원을 위한 하나님의 감추인 경영과 뜻을 온전히 계시하시고 우리의 유일한 대제사장으로서 그의 몸을 단번에 제물로 드려 우리를 구속하셨고, 성부 앞에서 우리를 위해 항상 간구하시며, 또한 우리의 영원한 왕으로서 그의 말씀과 성령으로 우리를 다스리시고, 우

하듯이, 그리스도인에게 주어진 사명은 선지자요 제사장이요 왕으로 사는 것이다. 이것은 넓고도 포괄적인 개념이다. 따라서 요리문답의 이러한 진술을 어떻게 해석할 것인가 하는 문제가 제기될 때마다, 한편으로는 그리스도(그리스도인들)와 또 다른 한편으로는 문화적 삶, 이 둘의 관계가 논의된다. 그러므로 특히 신앙고백적인 그리스도인은 문화적 삶 속에서 직면하는 문제에 대해 어떤 학문적인 결론이 나올 때까지 그저 문화와 관련하여 일어나는 전투를 관망하기만 해서는 안 된다. 투쟁하기보다는 점점 회의를 통해 결의나 결론을 도출해 가는 방향으로 옮겨 가려는 상황에서 그 결론을 기다리고 있을 수만은 없다.

왜냐하면 삶은 학문을 굳건하게 하지만, 학문은 삶을 굳건하게 하지 않기 때문이다. 학문은 그저 삶에 대해 생각하게 할 뿐이다. 마찬가지로, 문화에 대해 바르게 인식하는 문제나 주어진 문화적 정황 속에서 그리스도인이 맞닥뜨리는 구체적인 상황에 대해 평가할 수 있도록 돕는 문제를 소위 순수 학문적인 것으로 축소해서는 안 된다. 삶이 학문보다 먼저이다(*primum vivere, deinde philosophari*). 모든 사람은 시공간적으로 결정된 문화적 삶의 한 국면을 맞닥뜨리게 마련이다. 태어나는 순간 사람은 문화 속

리를 위해 획득하신 구원을 누리도록 우리를 보호하고 보존하십니다.
하이델베르크 요리문답 32문답
질문: 그런데 당신은 왜 그리스도인이라 불립니까?
답: 왜냐하면 내가 믿음으로 그리스도의 지체가 되어 그의 기름 부음에 참여하기 때문입니다. 나는 선지자로서 그의 이름의 증인이 되며, 제사장으로서 나 자신을 감사의 산 제물로 그에게 드리고, 또한 왕으로서 이 세상에 사는 동안은 자유롭고 선한 양심으로 죄와 마귀에 대항하여 싸우고, 이후로는 영원히 그와 함께 모든 피조물을 다스릴 것입니다.

으로 던져졌으며, 거기에서 벗어날 수 있으리라 가정할 수는 있겠지만 실제로 단 하루도 벗어날 수 없다. 사람은 고립되어 존재할 수 없다. 그가 술을 마실 수 없는 수도원으로 도망친다고 해도 자신을 고립시킬 수도 없으며, 또한 그것이 잡지의 기삿거리가 되지도 않는다.

3

주제가 난해한 여섯 가지 이유

 이 주제가 왜 이토록 어려운 것일까? 이 질문에 답하려면 설명이 길어질 것이다. 몇 가지만 설명하겠다.

1) 절충되지 않은 다양한 의견들이 대두된다

 의견들이 매우 다양하다는 것이 그 이유 중 하나이다. 종종 우리는 '세상'뿐만 아니라 '교회'에 관해서도 아주 추상적으로 말하곤 한다. 그래서 서로 매우 극단적으로 대립하는 의견들이 충돌하기도 한다. 어쩌면 이것은 당연한 현상이다. 철저한 물질주의를 고수하는 사람들은, 형이상학적 보편주의 철학을 개진하는 사람들과 문화관이 다를 수밖에 없다. 역사가 직선적으로 발전한다고 생각하는 사람들은, 역사가 순환한다고 보는 사람들과는 다른 문화관을 형성한다. 유신론자와 범신론자의 의견은 서로 대립

되기 마련이다. 문화의 문제에 관해서도 마찬가지이다. 루터주의자가 오직 루터(Luther)의 사상만을 추종한다면, 그들은 칼빈주의자와는 다른 문화관을 가지게 될 것이다. 비관주의자의 문화관은 낙관주의자의 문화관과 다르다. 플라톤주의자들은 아리스토텔레스주의자들과 다르고, 스피노자주의자는 데카르트주의자와 다르며, 칸트주의자는 피히테주의자와 다르다. 심지어 낭만주의자들 중에서도 괴테(Goethe)는 노발리스(Novalis)와 다르고, 슐라이어마허(Schleiermacher)는 슐레겔(Schlegel) 형제와 다르다. 비스마르크(Bismarck)와 로젠버그(Rosenberg), 오토(Otto)와 월트 휘트먼(Walt Whitman) 및 이런저런 불교 철학을 숭상하는 사람들은 말할 필요도 없다. 철학자들 사이에 존재하는 차이는 신학자들과 일반 신도들에게도 영향을 미칠 것이다.

만일 누군가가 '문화적 개념(cultural idea)'이 일종의 만능열쇠와도 같아서 그 열쇠로 회의장 문을 열고 들어가면 그 안에서 열리는 문화 회의에서 정중히 환대받을 것이라고 생각한다면, 그것은 단지 꿈일 뿐이다. 그 회의에 참석하는 사람들의 정신이 제대로 박혀 있다면, 그곳은 분명히 전쟁터가 될 것이다. 그런 전쟁이 일어나지 않는다는 것은 불행이다.

2) 새로운 해석들이 끊임없이 제시된다

두 번째 이유는, 심지어 동시대 안에서도 그리스도와 문화라는 주제 자체에 대해 서로 모순되는 새로운 해석들이 끊임없이 제시된다는 것이다. 또는 이 주제가 기본적으로 이론적인 양상을 띠기 때문이다. 교회 안팎에서 그런 일들이 일어난다. 사람들 사이에서 '기독교'라는 개념과 '문화'라는 개념이 너무나 자주 서로 다른 의미로 이해되고 고착화되어 통용되곤 한다. 그러는 가운데 "기독교와 문화"의 문제가 많은 사람들의 견해(뒤에서 살펴보겠지만 잘못된 견해들이다) 속에서 의도되었든 의도되지 않았든 단지 "종교와 문화"나 "자연과 은총"의 문제로 축소되어 버리곤 한다. 즉, 기독교와 문화의 문제를 '자연'과 '은총'이라는 분리된 '영역(territory)'으로 간주해 버리는 것이다. 사실 이 '영역'이라는 단어는 너무나 쉽게 다루어진다. 그런데 이 단어는 수학적인 개념이 아니라 대부분 지정학적인 개념으로 공고히 사용된다. 그리고 수학적 개념(점, 선, 면 등과 같은)이란 실제로는 존재하지 않는 것들이다.[2]

한편 그 밖에도 많은 질문들이 연이어 생겨난다.

3) 그리스도의 이름이 평가절하되면서 문화의 개념이 평가절하된다

그리스도의 이름이 평가절하됨으로써 문화의 개념도 평가절하되었다. 교회는 그리스도의 이름을 하찮게 여기기 시작했다. 철학도 마찬가지이다. 결과적으로 교회와 철학은 그리스도와 문화의 문제를 하찮은 것으로 여기게 되었다. 그리스도라는 개념과 문화라는 개념이 평가절하되면서, 그 두 개념의 관계를 어떻게 파악하느냐에 따라 달라질 수밖에 없는 정당

---

[2] 역자주 - 결국 "기독교와 문화"의 문제가 '자연'과 '은총'이라는 두 개의 분리된 영역 간의 문제라는 식으로 축소되어서는 안 된다는 뜻이다. 그렇게 분리된 '영역'이 실제로 존재하지 않는다는 것을 점, 선, 면이라는 기하학의 가상적 개념에 빗대어 설명하고 있다.

한 노선마저 희미해져 버렸다.

4) 그리스도에 관한 전통적인 신조로부터 이탈했다

또한 교회임을 자처하는 사람들이 (전통적인) 신조의 내용들로부터 벗어난 까닭에 그리스도에 대해 뭐라고 고백하게 되었는지를 생각해 보아야 한다. 기독교는 무엇인가? 예수 그리스도는 누구이신가? 도대체 이 세상에서 예수 그리스도는 역사적으로 무슨 의미를 가지는가, 그리고 역사적 현실에서 그분은 어떤 중요성을 지니는가? 그분은 우리의 역사적 현실에 지속적으로 관계하심으로써 우리에게 어떤 영향을 미치시는가? 그분은 당연히 그렇게 여겨져야 할 그대로 하나님의 말씀이신가? 아니면 그분(또는 그)은 단지 하나님의 말씀의 표상들(Gestalten) 중 하나일 뿐인가? 하나님의 말씀에 대한 그 표상(Gestalt)은 하나님의 본질(Gehalt)을 적절하게 드러내는가? 아니면 그 표상은 그 본질을 거스르는가? 역사적인 나사렛 예수는 그리스도(메시아)를 고대했던 구약성경의 기대를 성취시킨 바로 그분인가? 아니면 그분 안에서 적절하게 계시되지 않은, 또는 그저 단편적으로만 계시된 메시아라는 개념에 불과한가? 그리스도라는 이름은 무엇을 의미하는가? 메시아라는 이름을 통해 하나님께서 의도하신 바가 무엇인가? 하나님의 기름 부음을 받으셨다는 것은 무슨 의미인가? 이 말은 그분이 직분을 받았다는 측면에서 신적인 위임(commission)을 받았고, 능력을 부여받았다는 측면에서 실제적인 은사를 받았다는 의미를 실제로 포함하고 있는가? 아니면 그런 의미들을 단지 상징적으로만 내포하고 있는가? 평범한 인생들 중에서 '기름 부음 받은 자들(anointed ones)'과, 그들과는 완전히 구별되는 독특한 방식으로 기름 부음 받은 자(One anointed)가 된 나사렛 예수가 진정으로 다르다는 것을 인식하고 있는가? 아니면 그런 근본적인 차이라는 것이 실제로는 공상일 뿐인가? 역사적인 인물로서 예수는 단연코 우리와 똑같은 인생을 사실 수 있는가? 곧 진짜 사람인가 아닌가가 판가름 날 만큼 분명하고도 결정적으로, 그분은 우리와 같은 삶을 사실 수 있는가? 우리와 전적으로 같은 삶을 사셨던 바로 그 역사적 예수님께서 이 세상을 향한 엄중한 심판 아래 놓이는 긴장을 친히 경험하시는가? 아니면 그 예수님께서, 완전한 재판장이요 우리의 아버지가 되시는 하나님의 음성을 판단하고 선별하여 단순하고도 효과적으로, 그리고 생생하게 지상에 있는 우리에게 들려주신 것인가? 절대자의 음성, 곧 한편으로는 밀어내고 다른 한편으로는 잡아당기는 독특하신 그 심판의 음성을 말이다.

그런데 정말로 슬퍼해야 할 일이 있다. 현재 기독교계에서는 이런 모든 질문들에 관하여 지나치게 논쟁하고 있다. 그래서 우리는 한편으로는 구체적이면서, 또 다른 한편으로는 가상적인 공동체라고 할 수 있는 '그리스도인들'의 '공동체'로서 이 논쟁에 참여하고 있다. 우리는 저마다 '그리스도인들' 또는 '참된 공동체'라고 하면서, 상대방이 그것을 인정하지 않으면 서로를 향해 화를 낸다. 그러는 동안 우리는 예수님과 그리스도에 관한 근본적인 질문들에 대해 확실하게 답할 수가 없다. 적어도 우리들 사이에서는 말이다. 우리는 서로에 대해 확신하지 못하고 있다. 우리는 나름대로의

'문화'를 세워 가고 있노라 주장하는 이 다양한 세상에서, 여러 가지 문서들로 기록된 기독론뿐만 아니라 특별히 기록되지 않은 기독론들을 가지고 서로의 입장에 반대하면서 기독교인들끼리 대립하고 있다. 우리는 기독교인으로서 강렬한 소동을 일으키면서, 이 세상의 문화가 성숙하지도 않고 순수하지도 않으며 기만적이고, (문화적) 죄의 결과가 결국 죽음뿐임을 수천 번씩 항의하기 전에, 다음과 같은 질문에 먼저 답변해야 한다. "그리스도와 문화적 삶"이라는 주제에서 '그리스도'에 대해 서로 다른 견해들을 가진 우리가 (하나의 집단으로서) 과연 이 문제에 관해 답할 자격이 있는가? 이 문제에 대해 한 마디 말조차 뱉어 낼 수 없는 자들은 아닌가? 이런 질문이 특별히 우리에게 아주 깊은 상처를 준다 하더라도 어쩔 수 없다.

우리는 국제적인 관계들 속에서, 교파 상호 간의 관계에서, 상호 고백적 관계들이나 교회 연합적(ecumenical) 관계들 안에서, 또한 세상 속의 삶과 문화에 관해 모든 종류의 견해들을 전달하는 데서 점점 더 적극적인 하나의 집단이 되어 간다. 그러나 그 모든 것에 아무 힘이 없다. 우리가 더 이상 한 공동체로서 그리스도를 알지 못하기 때문이다. 예수 그리스도가 한 공동체로서의 우리에게 '알려지신 분(the Known One)'이나 '친숙하신 분(the Familiar One)'이 아니라면, 우리는 그저 그리스도와 문화적 삶의 관계에 대해 부적절한 말들만을 토해 낼 뿐이다. 그로 인해 '그리스도'가 안개가 끼인 것처럼 모호해지고 말았다. 국제적인 관계와 학문 간, 그리고 교파들 간에 이처럼 안개가 끼어 있는 듯한 최악의 상황에 놓인 것이다.

5) 그리스도인들은 문화(문화적 삶)를 세속적으로 이해한다

그리스도와 문화라는 주제의 두 번째 부분, 곧 문화적 삶에 관해서는 상황이 좀 나을까? 문화란 도대체 무엇인가? 이에 대해서는 다양하게 답변할 수 있다. 앞에서 두서너 마디로 그것에 대해 이미 언급했다. 그러나 여전히 우리가 제시하는 모든 종류의 염려스러운 답변, 서둘러 급조한 답변, 더욱이 우리의 관점에서 보아도 비논리적인 답변들을 보면, 참으로 마음이 무겁다. 게다가 문화철학자들이 반복해서 근본적인 문제점들에 대해 다양한 답변들을 제시하는 것이 아니라 모든 문화철학자들이 어떤 가치에 관한 (실제로는 주관주의적인) 이론 뒤에 숨어 있는데도, 고백적인 신자로 자처하는 그리스도인들은 점점 이런 문제들에 대답하지 못하고 있다.

그리스도인들이 하나님과의 언약적인 교통, 믿음의 확신, 기독교인의 감사라는 가치가 사실상 유일하게 참되며 으뜸가는 가치임을 고백하지 않는다면, 참으로 이것이야말로 가장 나쁜 상황이 아닐 수 없다. 이때 기독교인의 감사는 참된 믿음을 확인하게 하는 믿음의 열매이다.[3] 그런데 참으로 어리석고 비굴하게도, 기독교인이라고 고백하는 사람들이 문화의 문제를 다룰 때는 이웃에 있는 비(非)기독교인 문화철학자들을 우러러본다. 그들이 친절하게 우리의 의견에 동의한다고 고개를 끄덕이는가? 그러나 기독교 사상가들과 신학자들이 점점 비기독교인 문화철학자들이나 다른 이들에게 굴복하는 현상은, 통일되고도 분명한 믿음의 답변을 제시하

---

[3] 역자주 - 여기서 스킬더는 '기독교인이 감사하는 행위'가 곧 참된 문화임을 암시한다.

는 일을 더욱 방해한다.

  오늘날 청년이나 장년을 담당하는 사역자들은(그들이 기독교 신앙의 배경을 가지고 있다면), 문화라는 개념이 기본적으로 다양하고도 심각한 문제들을 다룬다는 것을 매우 잘 알고 있다. 그들은 여러 수련회나 강의에서 역사, 개인과 사회, 국가의 본질과 인종차별, 시간과 영원, 물질과 형이상학, 종교, 도덕, 그리고 자연법, 진화와 창조 등 여러 가지 문제들과 씨름한다. 그런 경우에 우리는 종종, 기독교인으로서 믿음의 전제 위에서 출발해야 하며, 권위를 받아들이고 그 권위에 따라 행동해야 한다고 배운다. 또한 우리의 모든 행위(적극적이든 소극적이든)가 순전히, 그리고 오로지 (우리가 고백문서로 고백하듯이) 확실한 지식과 분명한 확신이 되는 믿음의 문제라는 말을 듣는다. 그러나 사실 이런 말들은 조직신학적인 어떤 주제들(교회중직자의 신분정지 같은)과 연관되어 갈등이 초래되었을 경우에나 적용되는 듯하다. 실상 수수께끼 같은 스핑크스와 다름없는 문화적 삶이 논의의 대상이 되면, 그런 말들을 거의 들을 수 없다. 옳은 행동이란 무엇인가 하는 주제에 관해서는 자부심으로 가득 찬 많은 말들이 쏟아진다. 그러나 연사들이 답변하기가 매우 곤란한 사안, 곧 '문화'와 '문화적 삶'이라는 이집트 상형문자 같은 주제는 여전히 짙은 안개 속에 가려져 있으며, 그저 미숙하고도 가설적인 기초만 가지고 있을 뿐, 이에 대해 논의해야 할 사실에 대해서는 분별하지 않는다.

  많은 사람들이 사용하는 '문화'라는 용어는 인위적인 속성을 가지고 있다. 그런데도 철학적으로나 신학적으로 그 용어를 사용하는 것이 타당한지를 검토해 보지도 않은 채, 그것을 통해 살아 계신 하나님을 실제적으로 섬길 수 있으리라 생각한다.

6) 신앙생활의 본질을 오해하고 있다

우리가 '그리스도'와 '문화'의 관계에 대해 진정한 답을 발견했다고 하더라도, 핵심적인 문제를 온전히 다루었다고 할 수는 없다. 이 문제는 모두 무엇에 관한 것인가? 우리는 지금 유일무이한 문화(the culture)에 대해 논의하고 있는가, 아니면 여러 문화들 중 특정한 어느 문화(a certain kind of culture)에 대해 논의하고 있는가? 영원한 문화(a permanent culture), 곧 우리가 그 문화의 양상을 알아볼 정도로 독특한 스타일을 충실하게 반영하는 그런 문화가 과연 있을까? 그렇지 않다면, 만일 예민하게 사물을 분별할 수 있다면, 우리가 그저 일종의 문화적 경향성들을 혼동하는 것은 아닐까?

영원한 문화가 존재하는 것이 아니라 특별한 유형의 문화가 있을 뿐이라면, 우리가 논의하고 있는 문화는 도대체 그 특별한 형태들 중 어디에 속하는 것인가? 유일한(the) 민족 문화인가, 하나의(a) 민족 문화인가? 유일한 국제 문화인가, 하나의 국제 문화인가? 유일한 일시적 문화인가, 하나의 일시적 문화인가? 유일한 미래의 문화인가, 하나의 미래의 문화인가?

그것은 우리가 그리스도인으로서 지금까지 쌓아 온 어떤(또는 유일한) 문화인가, 아니면 앞으로 그리스도인으로서 쌓아 가야 할 문화인가? 그렇게 쌓아 갈 수 있느냐 없느냐 하는 문제는 논외로 하더라도 말이다. 그것은 우리가 인식해야 하는 이상적인 문화인가, 아니면 소망하면서 이루어 가야 할 이상적인 문화인가? 우리는 그리스도인으로서 이 세상의 문화 속에서 살아가는 동안 개혁가와 혁신가로서 행동해야 하는가? 과연 우리가 그렇게 할 수 있는가? 아니면 우리에게는 단지 제한된 사명만 주어져 있는 것인가? 즉, 이 세상의 변화무쌍한 삶의 물살을 헤치며 거슬러 올라가기 위해 힘쓸 뿐이며, 그리하여 거세게 몰아치는 엄청난 파도 앞에서 인생이라는 배가 파선하지 않은 데 감사하는 것으로 우리의 일을 다했다고 할 수 있는 것인가? 그리스도인으로서 우리에게 정말로 적극적인 사명이 주어져 있는가? 즉, "예수를 따른다는 것"이 진정 하나님께서 주신 창조적인 능력을 끊임없이 발휘하여 세계를 정복하는 경향을 지닌 특수한(또는 독특한) 기독교 문화를 형성해 가는 것인가? 아니면 하나님을 따른다는 것이 그저 형식상의 관념일 뿐인가? 물론 하나님은 천지를 창조하셨고, 계속 그것을 변화시켜 나가시며, 언젠가 예상하지 못한 방식으로 변혁하실 것이다. 그렇다고 해서 보수적인 태도든 혁명적인 태도든, 현존하는 세상을 긍정하는 모든 것에 대해 "아니오"라고 말하면서 그것들을 오로지 사탄적인 것으로 여기는 자들만이 하나님을 따르는 자들인가?

그리스도인은 진실하게(earnest) 행동하는 존재인가? 아니면 단지 하나의 장기판(game) 속에서 행동하는 존재인가? 우리에게는 그 장기판 외에 그 어떤 것도 허용되지 않는 결정된 예정이 있고, 그래서 그렇게 움직이는 것만이 유일하게 할 수 있는 '진실'이라는 이해에서 말이다.

4
지금 우리는 안개에 둘러싸여 있다

수없이 쏟아져 나오는 질문들에 대한 답변은 아직 없다. 아직 제기되지 않은 질문들도 수없이 많을 것이다. '예수 그리스도'와 '문화적 삶'은 서로 적이자 동지라고 일컬어져 왔다. 때로는 서로 전혀 상관없는 것으로 여겨지기도 했다. 톨스토이(Tolstoy)와 같은 이들은 (자신이 생각하는) '기독교'를 위해 '문화'를 무시해 버렸다. 이와 달리, 니체(Nietzsche)와 같은 이들은 '문화'를 위해 '기독교'를 멸시했다. 한편으로는 그리스도와 문화가 연결되어 있다는 말을 듣자마자 노발대발하는 사람들도 있다(예를 들어, 소위 신칼빈주의를 비판하는 현대의 바르트주의적 비판가들). 처음 두 견해(부분적으로 보면 세 번째 견해도 마찬가지이다)는 예수 그리스도와 문화적 삶이 실제적으로 대립할 뿐만 아니라 잠재적으로도 대립한다는 관념에서 출발한다. 반면에 어떤 이들은 예수 그리스도와 문화가 분명히 서로 화해할 수 있다는 구호를 열정적으로 외친다. 그들은 다행스럽게도 세상에 참여하는 것이 여전히 그들에게 허락되었다고 생각한다. 그리고 그들은, 궁극적으로 보면 그 둘의 관계를 우호적인 것으로 간주할 수 있다고 말한다.

의도적이지는 않지만 어쩔 수 없이, 그처럼 생각하면서 이랬다저랬다 하는 사람들은 수없이 다양한 양상들을 드러낸다. 어떤 사람은 불신자들이 건설하는 '문화의 식탁 아래로 떨어지는 빵 부스러기'를 주워 먹는 어리석은 일을 그리스도인의 가장 고귀한 사명으로 여긴다. 그는 문화적인 일에 관해 하나님께서 절대 금지를 명령하신 적이 없다고 생각하면서 그처럼 어리석은 구걸을 변명한다. 그러고는 의심스러운 '침묵으로부터의 논증(*argumentum ex silentio*)'을 절대 넘어서지 않으려고 한다. 그가 원하는 바가 명백하게 금지된 것이 아니므로 옳다는 식이다. 남의 식탁 아래로 떨어지는 빵 부스러기를 주워 먹는 이런 구차함이 믿음과 사랑의 식사인지, 아니면 하지 말아야 할 부끄러운 행동인지, 그 사람에게 물어보지 말기를 바란다.

또 어떤 사람은 문화적 삶과 관련하여 자신이 가진 작은 기독교 지식을 부풀려 일종의 문화적 자부심을 가지고 으스대는 데까지 이른다. 그래서 앞에서 언급한 것처럼 빵 부스러기를 주워 먹으면서 한숨을 내쉬며 "(그렇게 하지 않으려면) 세상 밖으로 나가야 할 것이라"(고전 5:10)라는 사도 바울의 말을 인용하는 형제를 보면서, 그저 부끄러운 일이라고 거듭 확신한다. 그는 그런 형제의 말을 형편없는 변명으로 여긴다. 그리고 그런 변명을 마땅히 "그리스도인은 문화적 삶을 포함한 '삶의 모든 영역에서' 하나님의 영광을 추구해야 한다"라는 자랑스러운 구호로 대체해야 한다고 생각한다.

그러나 결정적인 질문은 '문화적 삶'이 도대체 무엇이냐 하는 것이다. 그와 관련하여 문화적 삶의 영역이나 범위가 정확히 어디까지인지에 대해서는 아무도 답변하지 못한다. 심지어 그렇게 자부심을 가지고 있는 당사자조차도 대답하지 못한다.

우리는 지금 안개에 둘러싸여 있다. 아브라함 카이퍼(Abraham Kuyper)의 추종자들도 마찬가지이다. 수년 동안 그들은 '모든 삶의 영역에서 하나님의 주권'만을 외쳤다. 더 학구적인 사람들은 카이퍼의 '영역 주권(sphere sovereignty)'과 관련된 경구를 계속 반복했다. '삶'의 모든 '영역'이 각각 그 자체의 '주권'을 가지고 있다는 것이다. 그러나 그들은 그 구호만 반복할 뿐이다. 놀랄 일도 아니다. 아브라함 카이퍼 자신도 그 모든 '영역들' 안에 있는 '주권들'이 과연 무엇인지를 정확하게 설명하지 못했기 때문이다. 우리는 단 하나의 유일한 주권(One single Sovereign)을 인정하고 받아들인다. 그래서 복수 형태를 사용하여, 각각의 영역들에 있는 여러 개의 '주권들'에 대해 말하면 모든 것이 모호해진다.

카이퍼가 하나님께서 모든 것을 '그 종류대로' 창조하셨다고 말할 때, 그것은 단지 성경의 내용을 반복하는 것에 지나지 않는다. 그런데 '자연의 법칙'에서 '주권'으로 넘어가는 것은 실로 엄청난 비약이다. 또한 그것은 하나님의 피조 세계로부터 인간의 산물로 껑충 비약하는 것이라고 할 수 있다. 그리고 세 번째로, 개별적인 피조물들에서 소위 '영역들,' 곧 피조물들이 인간의 도움이나 방해를 받든 받지 않든 관계없이 각자의 역할을 담당하는 '영역들'로 비약하는 것이다. 여기서 카이퍼의 비유적인 용어는 다시 '복합종의 혼합(*metabasis eis allo genos*),' 곧 균질한 것이 아니면서도 다양한 비율의 양을 서로 뒤섞는 것이 된다. 이는 불행한 일이다. 특히 '영역들'이라는 말을 각각의 주권을 가진 각각의 영역들이라는 개념으로 사용하는 것은 더욱 그러하다. 우리는 정말 안개에 둘러싸여 있다.

5

해결책: 예수 그리스도, 그리고 문화적 삶

우리가 오직 겸손하게 성경의 가르침 아래 무릎을 꿇을 때에만 하늘이 청명해질 것이다. 성경이야말로 하나님으로부터 주어진, 그의 아들 예수 그리스도 안에서 드러나고 드러날 수 있는 계시이다. 이 문제를 "예수 그리스도와 문화적 삶"의 문제로 이해하지 않고, "예수와 문화적 삶"의 문제나 "기독교와 문화적 삶"이라는 문제로 본다면, 성경에서 그에 관한 어떤 가르침도 찾아볼 수 없을 것이다. 그렇다면 우리는, "예수와 문화적 삶"이나 "기독교와 문화적 삶"이라는 공식이 문제의 근원에 이르지 못하고 오직 "예수 그리스도와 문화적 삶"이라는 공식만이 문제의 근원에 이를 수 있는 이유를 간단하게 고려해 보아야 할 것이다. 이에 대한 답변을 찾을 때, 우리는 이 주제에 관해 성경이 우리에게 제시하는 실마리를 잡고 있노라 확신할 수 있을 것이다.

2부

안개 속에 머물러 있게 하는 시도들

6

잘못된 해결 방식 1_기독교와 문화적 삶

앞에서 말했던 것처럼, 지금 다루는 문제를 "기독교와 문화적 삶"이라는 식으로 해석해서는 안 된다. 그렇게 생각하면 문제의 근원에 다다르지 못한다. 사실 '기독교'라는 단어는 다양한 의미를 가진다. 그중에서 두 가지만 생각해 보자. 첫째, '기독교'는 기독교인의 공동체를 의미한다(기독교라는 말이 이렇게 사용되어야 하든 그렇지 않든, 또는 명목상의 기독교인들을 포함하든 안 하든 상관없이). 둘째, '기독교'는 기독교인의 공동체에 속한 사람들의 활동을 통해 가시적인 세계에서 드러나는 기록할 수 있는 가시적인 결과물, 또는 다소 공통된 의견(*communis opinio*)으로 굳어져 기록되었고 여전히 기록되고 있는 결과물이라는 의미를 가진다. 물론 그 외에도 여러 가지 뜻이 있겠지만, 편의상 제쳐 두도록 하겠다. 앞서 언급한 두 가지 뜻만 살펴도 만만치 않기 때문이다.

첫 번째 정의를 살펴보자. '공동체'란 무엇인가? 단순히 함께 모여 있는 집단을 의미하는가? 아니면 기독교인이라고 자처하는 이들이 그에 따른 목적(그 목적이 옳든 그르든)을 성취하기 위해 모인 것을 의미하는가? 아니면 하나님의 영에 의해 형성되었다는 측면에서 영적인 연합을 의미하는가? 즉, 하나님의 말씀에 의한 연합(*koinonia*, 코이노니아)을 말하는가? 이 '코이노니아'는 사람들의 노력에 따른 결과물, 곧 인간의 어떤 행동을 통해 산출된 것인가? 아니면 하나님의 노력으로 이루어진 결과인가? 다시 말해, 하나님께서 이미 형성하신 바 법적으로(*de jure*)뿐만 아니라 실질적으로(*de facto*) 이루신 교제를 인정함으로써 그에 합당하게 행동하도록 요구하는 연합인가?

다음으로, 두 번째 정의를 살펴보자. '기독교'는 기독교인의 교제로 나타난 산물을 기록한 것으로서 결국 역사와 전통에 의존하는 것인가? 아니면 '기독교'란 시대마다 이러한 기록과 기독교 됨의 자격 문제에 관해 취하던 이론을 우리에게까지 강요할 수 있는 그런 것인가? 문제의 실상을 제대로 이해하기에는 '기독교'라는 말의 개념이 참으로 난해하다.

그런데 이 단어를 어떤 의미로 사용하든 간에 한 가지 사실만은 분명하다. 그것은 문화적 삶에 대해 질문할 때, '기독교'라는 말에서 출발할 수는 없다는 것이다. 그렇게 하면 문제를 해결할 수가 없다. 그 이유에 대해 설명하겠다.

1) '기독교'가 절대 표준이 아니기 때문이다

　기독교는 절대로 표준이 될 수 없다. (앞에서 제시한 첫 번째 정의에 따라) 기독교를 하나의 공동체로 간주하고 할 수 있는 한 이론적으로 추상화하여(왜냐하면 더 이상 실제화할 수는 없기 때문이다), 이 공동체에서 명목상의 기독교인들을 모두 골라내 보라. 아니면, (두 번째 정의에 따라) 기독교를 세상에서 살아가는 사람들이 기독교적인(당신의 관념상 보편적인 의미를 띠는) 신조에 따름으로써 형성한 결과물이라는 의미로 생각해 보라. 당신이 할 수 있는 한 가장 엄격한 기준을 적용하여, 명예로운 호칭으로서의 '기독교인'이라는 의미를 적용해도 좋다. 당신이 어떤 의미를 선택하든지, '기독교'라는 말이나 개념에서 문화적 삶에 관한 문제를 다룰 만한 어떤 기준을 도출하기란 불가능하다. 그 어떤 기독교인도 기준이 될 수 없다. 또한 그 어떤 사실적인 자료도 기준이 될 수 없다. 물론 '사실들(facts)'은 우리의 행동을 규제한다. 어느 누구도 사실을 우리에게서 제거할 수 없다. 모든 사람의 행위는 사실에 의존한다. 물론 우리가 쉽게 허상을 따를 수도 있다. 그러나 허상을 따르는 것으로는 어떤 것에 이르지도, 어떤 것을 이루지도 못한다.

　우리는 역사적으로 발전되어 온 사실에 의해 형성된 내용들을 다룰 때에야 비로소 내용을 만들 수 있다. 그리고 그렇게 내용들을 만들 때(곧 우리가 책임감을 가지고 행동할 때), 우리는 하나님께서 설정하신 기준들을 온전히 의존한다. 하나님께서 설정하신 기준들은 우리의 행동을 강제하는 것이 아니라 우리에게 명령한다. 하나님의 말씀인 성경만이 그 기준이다. 기독교인도, 기독교도 기준이 될 수 없다. 오직 말씀하시는 그리스도, 계시에 의해 우리에게 알려지시는 그리스도, 친히 '하나님'을 우리에게 설명하신 그리스도, 율법의 수여자요 보존자이며 해석자가 되시는, 죄나 연약함으로 제약받지 않으시는, 하나님의 말씀을 우리에게 친히 베푸시는 그분, 하나님을 대신하여 자기 백성에게 보내심을 받은 그리스도가 기준이시다. 그 어떤 역사적 경향이든, 그 어떤 문화적 유행이든, 그것이 설령 역사적 실재로서의 기독교 위에 세워졌다 하더라도, 또는 이상적 기독교 위에 세워졌다 하더라도 그저 관념의 소산일 뿐이며, 반드시 죄악과 율법의 파괴와 불경건으로 끝날 수밖에 없다. 그것은 단지 바벨탑을 쌓는 것에 지나지 않는다. 출발점이 잘못된 까닭에 이미 시작부터 잘못되어 버린 것이다.

또한 이런 식으로 '역사적 유물론(historical materialism)'과 '실증주의(positivism)'도 기독교와 문화에 대해 건방지게 일장 연설을 늘어놓고 있다. (비록 다른 전제들에서 나온 것이긴 하지만) '관념주의(idealism)' 역시 모양만 다를 뿐 똑같은 일을 하고 있다. 바르트 신학도 마찬가지이다. 바르트 신학은 "교회가 설교한다(*Es predigt*)"라고 말한다. 교회 안에 '설교'라는 사실(fact)이 있다는 것이다. 그렇게 되면, 이 사실은 그 이상의 이론적 발전을 위한 출발점이 되는 셈이다.

'기독교'라고 불리는 무언가가 존재하는 것은 분명하다. 그러나 그러한 '사실'이 어떤 교리(doctrine)의 기초는 아니다. 모든 교리가 모든 사실들을 고려하며, 또한 우리가 다루고 있는 이 주제와 관련해서도 그렇게 사실들을 다루어야 하지만, 그런 사실들이 교리의 기초가 되는 것은 아니다. 오히려 어떤 사실(또는 사실이라고 여겨지는 것)에 대한 설명에는 이미 어느 정도 교리가 들어가 있다. '천둥이 친다'라는 것은 사실이다. 그러나 천둥의 신인 워단(Wodan)이 존재한다고 믿는 사람들과 전기 방전 이론에 익숙한 사람들이 천둥이라는 현상을 이해하고 설명하는 방식은 천양지차일 것이다.

    이것 이상의 얘깃거리가 있다. '기독교'라는 것은, 세상 가운데서 그 형태를 갖추고 자신들이 선택한 이름으로 역사의 한 페이지에 기록될 수 있다. 이런 '기독교'는 언제나 어떤 문화적 흐름의 한 과정이나 일련의 과정들에 깊이 연루되어 있다. 헤겔의 추종자들과 그 이후에 나타난 마르크스의 추종자들과 국가사회주의자들은 기독교 자체를 하나의 문화 현상으로 간주한다. 안톤 무서트(Anton Mussert)[1]가 도식화한 다양한 이론들의 제공자들은, 기독교에 관한 제반 사항(네덜란드 왕국이라는 유럽의 일부에서만 보호될 만한 사항들)을 '문화성(Department of Culture)'[2]에 일임하고자 했다. 이런 사례들은 이미 '기독교' 자체가 (비록 그 이름만은 보호했다고 할지라도) 지상의 모든 모임들 속에 현존하는 문화적 경향들의 충돌과 얼마나 심각하고도 깊이 연루될 수밖에 없는지를 보여 준다. 또한 '기독교'라는 것이 지역, 국가, 인종, 심지어 기후 유형에 따라 얼마나 다양하게 이해

---

1) 안톤 무서트는 2차 세계대전 이전과 이후에 네덜란드의 국가사회주의자들을 이끈 지도자이다.

2) 독일 점령군이 네덜란드인에게 강요한 국가 조직들 중 하나로서, 예술가 같은 사람들에게 의무적으로 등록하게끔 하였다. 이로 인해 실제로 많은 예술가들이 활동을 포기하거나 비밀리에 활동하게 되었다.

되는지를 보여 준다. 요컨대, 이런 측면에서 볼 때 '기독교'라는 용어는 일종의 스핑크스일 뿐이다.

2) '기독교'가 역사 속에서 실수를 많이 했기 때문이다

'기독교'가 정체불명의 스핑크스가 아니라 오히려 역사 속에 하나의 순수한 형태나 (그 순수한 것과는 또 다른 유형의) 고착화된 형태로 형성되는 경우, 그 이해의 정도에 따라 '기독교'는 문화적 투쟁이라는 명목으로 고압적이고도 독단적인 전횡을 저질렀고, 수많은 단점과 죄악성을 드러냈다. 형성과 변형, 그리고 개혁에 뒤따르는 각각의 과정에서, '기독교'는 때때로 실제적이고도 직접적인 문화의 권력이 되려고 하였으며(교황 제도를 기억해 보라), 명확한 문화적 사명을 본질적인 과제로 여기고 그것을 실행 목표로 삼는 원리들을 바탕으로 유지되어 왔다. 때로는 그것을 의식했고, 또 때로는 그것을 의식하지 못했다.

물론 그것은 잘못된 일이다. 비록 어떤 면에서는 기독교가 분명히 문화에 관심을 둔다 하더라도, 일차적으로 기독교는 문화와 관계된 것이 아니다. (생물학적으로나 진화론적으로 결정된 것이 아니라 하더라도) 계속 반복되는 변형과 개혁의 행위에 따르면, 역사적 기독교는 어떤 특별한 하나의 문화적 이념을 모든 시대에 가장 뛰어난 것으로 도드라지게 부각시킬 수 없었다. 또한 기독교는 문화적 삶과 관련된 그 어떤 문화적 사명도 성취할 수 없었다. 여기에는 가장 극단적인 다양성이 존재해 왔다. 문화적 제국주의(로마 교회에 의해 어떤 시점에 발전된)와 분리주의의 입장, 그리고 경건을 추구하며 문화적인 활동을 주저하는 금욕주의자들 사이에는 엄청난 거리가 있다. 금욕주의자들은 문화와 거리를 두는 자신들이야말로 참된 기독교를 표상할 수 있다고 생각했다.

이와 같이 (다양한) '기독교'에서 어떻게 문화적 표준을 도출할 수 있겠는가? 이 문제에서 다수파냐 소수파냐 하는 것은 결정적인 요인이 아니다. 권세나 정의, 건강이나 치유의 은사가 모두 다수파에 속할 수도 있고, 동일하게 소수파에 속할 수도 있다. 심지어 우리가 상상할 수 있는 가장 작은 모임에도 이런 것이 있을 수 있다.

7

잘못된 해결 방식 2_예수와 문화적 삶

다음으로, 엄밀히 말해 역사는 우리가 다루는 문제를 "예수와 문화적 삶"이라고 표현할 수 없음을 증명한다. 좀 더 강하고 단도직입적으로 말하자면, 우리가 지금 다루는 문제에 대해 '예수'는 아무런 도움도 주지 않는다.

우리는 예수님이 자신을 그리스도로 설명하셨다는 사실을 고려해야 한다. 이러한 자기 계시(성경의 설명에 의한)는 어떤 사람에게는 환영받고, 어떤 사람에게는 무시당한다. 때로는 이런 무시가 무지의 옷 속에 감추어져 있기도 하다. 그들은 이렇게 불평한다. "그분은 너무나 신비하다. 제발 기도할 시간을 달라. 곧 무지한 자로서 어떻게 해야 올바로 예수를 이해할 수 있는지를 배울 수 있도록, 기도할 시간을 달라!" 이러한 불평에는 예수님에 대한 어떤 종류의 이미지가 담겨 있다. 그러나 하나님께 보내심을 받은 예수님이 아니라 인간의 머리에서 나온 '예수'라는 개념은, 그분을 그리스도로 인정하지 않는 사람들에게는 또다시 스핑크스가 되어 버릴 뿐이다.

예수님은 스핑크스가 아니다. 그분의 자기 계시는 명명백백하기 때문이다. 그러나 예수님은 그분의 자기 계시에 스스로를 내어 맡긴 자들에게만 명백하게 드러난다. 그러한 사람들만이 그 수수께끼를 분명하게 이해할 수 있다. 예수님을 단지 '예수'로만 이해하는 사람에게는 이 수수께끼가 결코 열리지 않는다. '눈에 보이면 믿음이 필요 없다(*Ubi vides, non est fides*)'라는 옛말이 있다. 이 말을 자세히 분석하지는 않겠다. 이 말의 의도는 좋지만, 맞는 말은 아니다. 사람들이 '역사적 예수'를 볼 수도 있다. 그러나 그분을 참으로 알고 인식하기 위해서는 믿음이 필요하다. 예수라는 인간이 곧 하나님께서 보내신 그리스도(메시아)라는 사실, 바로 그분이 요셉의 '아들'로 불렸으나 요셉 없이 태어나신 분이요 그 이상이신 분이라는 사실, 이 모든 사실들을 인식하려면 믿음이 필요하다. 눈에 보이는 것이 모두 믿음을 요구한다. 눈에 보이는 것은 믿음을 요구하고, 믿음은 지성을 요구한다(*Ubi vides, ibi fides. Visio quaerit fidem. Fides quaerit intellectum*).

이런 생각은 사실상 '기독교'라는 개념을 초월한다. 성경은 결코 '예수'만을 말하지 않는다. 구약성경은 먼저 '그리스도(메시아)'에 대해 말한다. 당시에는 이 약속된 그리스도가 훗날 '예수'라는 이름으로 나타나시리라는 것이 알려지지 않았다. 그러나 그분이 오신 이후, 성경은 줄곧 사실상 예수 그리스도에 대해 말한다. '예수'가 역사적 인물로서 이 땅에 오시기 전에, 그분은 이미 그리스도로 선포되었다. 말하자면, 그분이 인간의 이름과 인간의 몸과 특별한 문화적 상황 속에 역사적으로 출현하시기 전에, 하나님께서 그분의 직무와 사역을 '그리스도'라는 말로 압축하여 기술하신 것이다.

에덴동산에서 주어진 원시복음을 생각해 보라. 또한 하나님은 여러 시대를 지나는 동안 선지자들을 통해 앞으로 오실 그리스도(메시아)를 전하셨고, 그분의 직무와 사역에 관한 정보들을 주셨다. 바로 이 메시아가 세상에 오셔서 요셉과 마리아의 아들로 등재되어 '예수'라고 불렸다면, 우리는 이 '예수'가 그리스도로서의 권위를 온전히 받으신 분임을 고백하도록 배워야 할 것이다. 그렇게 하지 않는 사람에게 예수는 여전히 수수께끼로 남을 것이다. 그런 사람은 자기 자신에게 해석할 권위가 있는 것처럼 상상하여 엉터리 권위에 호소할 뿐이다. 지금 나는 허상에 호소하는 것에 대해 말하고 있다. 실재하셨던 예수님은 하나님께 기름 부음 받은 선지자요 교사로서, 자신의 인격과 사역을 해석하는 열쇠를 스스로 가지고 계셨다. 주님은 그러한 자신에게서 그 열쇠를 찾지 않고 오히려 그것을 거부하는 자들에게 심히 격노하셨다.

이제 그분께서 이 세대에도 오신다. 예수님은 주로 자신이 주류에 속해 있다고 생각하는 세대에 임하신다. 그분은 그들에게 때로는 권고(visitation)를 베푸시고, 때로는 심판(punishment)을 내리신다. 이러한 권고와 심판은 모두 완고하게 듣지 않으려는 청중들이나 해석자들에게 주어진다. 마치 복음서에서 먼저 자신의 첫 '동시대인들'에게 말씀하시고, 그다음에는 '비유들' 속에서 우리(지금도 살아 계셔서 하늘에서 통치하시는 그리스도의 동시대인으로서)에게 말씀하시는 것처럼 말이다. 또한 문화적 삶 속에서 하나님을 섬기는 주제에 관해서도, 그분은 비유를 통해 자신의 옛 '동시대인들'과 (성경을 매개로) 오늘날의 '동시대인들'에게 말씀하신다.[3] 그리고 오직 이 모든 것과 관련하여, (오늘날에도 성경을 통해) 믿음으로 그분을 찾는 사람에게만 문화적·신학적 관점에서 비유들의 의미를 계시하신다. 만일 두 번째[4] 이름, 곧 직무를 나타내는 '그리스도'라는 이름이 첨가되지 않았다면, '예수'라는 이름이 우리에게 무슨 유익이 된단 말인가?

복음서는 예수님의 전기가 아니다. 복음서가 그분에 관해 각각의 이미지를 만들어 내지도 않는다. 복음서는 우리의 생각이 기록된 바(구약성경에서 그리스도에 관해 기록하는 바)를 넘지 말아야 함을 가르쳐 준다(고전 4:6 참고). 복음서의 목적은, 예수님이 일생 동안 하신 활동을 형식적이고도 방법론적인 관점에서나 문화적인 관점에서 과학적-체계적으로 요약

---

[3] 우리는 두 가지 경우에 모두 인용 부호를 붙여야 한다. 예수님과 함께 팔레스타인의 공기를 들이마셨던 사람들은 그분과 동시에 이 땅에 존재하였다. 그러나 그분의 신분은 시간에 대해서, 그리고 시간 안에서 그들의 신분과는 전혀 달랐다. 한편 현대를 살아가는 우리는 예수님이 우리 가운데 육신으로 살아 계시는 것을 보지는 못하지만, 시간에 관한 한 그분과 동시대인이다. 살아 계신 주님으로서 그분은 우리가 이 땅에서 살아가는 일시적인 삶에 개입하신다. 한 위격 안에서 하나님인 동시에 사람이신 그분은, 언제나 미리 우리를 위해 사시며, 우리를 체휼하신다.

[4] 일반적으로 '예수'는 개인적인 이름이고, '그리스도'는 직무상의 이름으로 여겨진다. 물론 이런 구분에는 여러 가지 진리의 요소가 있다. 그런데 '예수'라는 이름은 특별히 목적이 성취된다는 의미를 가진다. 그래서 "그가 자기 백성을 구하신다"(마 1장 참고)라는 구절을 기초로 이를 해석해야 한다. 따라서 '예수'는 직무상의 첫 번째 이름으로서, 그분의 직무와 소명에 대해 말한다. 두 번째 이름(그리스도)은 그분이 이런 소명을 성취하기에 합당한 기능과 역할을 지니셨음을 보여 준다.

하는 것이 아니다. 성경은 예수님의 활동과 가르침, 예언, 그분이 세우거나 무너뜨린 것들에 대해 체계적으로 제시하는 논문도 아니다. 복음서는 전기도 아니고, 소설도 아니다. 복음서는 문화철학이나 문화역사의 방법론에 따라 어떤 문화적 현상을 기술한 것도 아니다. 또한 역사기술 방법론에 따라 교회의 역사를 기록한 것도 아니다. 복음서는 심지어 구원의 역사를 체계적으로 주해한 것도 아니다. 그러므로 이른바 예수의 생애를 살펴봄으로써 인간의 삶이 가진 어떤 특별한 국면을 그분이 어떻게 이해하셨는지, 그리고 지금은 어떻게 이해하시는지를 배우려고 한다면 실패할 수밖에 없다. 우리에게는 예수님의 생애가 없기 때문이다. 의도적으로 그런 생애를 알고자 힘쓰고 애쓰는 자는 결국 그분을 잘못 이해하는 것이다.

복음서와 구약성경은 결코 분리할 수 없다. 복음서는 예수님이 하나님의 경륜을 성취하기 위해 하나님께서 계시하신 뜻에 따라 인간으로 살아가심으로써 복음적인 구속을 완수하신 것을 기록한다. 또한 복음서를 구원의 역사 및 계시의 역사와 분리해서도 안 된다. 예수님은 계시된 바에 따라 역사 전면에 부상하셨다. 역사 자체가 그분에 관한 것이며, 그분이 이루어 가시는 것이다. 또한 복음서는 바울서신 및 신약성경의 다른 서신들과 분리되어서도 안 되며, 요한계시록과 분리되어서도 안 된다. 요한계시록과 더불어 성경이 최종적인 완성에 도달하기 때문이다. 요한계시록에는 미래뿐만 아니라 과거에 대한 역사도 포함되어 있다(계 12장 참고). 심지어 그것을 기록한 요한이 살던 당시에 일어난 일들도 포함되어 있다(예를 들어, 적그리스도적인 로마의 황제 숭배가 나타난다. 요한계시록 13,18장을 참고하라). 또한 성경의 이 마지막 책은, 어느 시대의 역사이든 그 역사의 배후에 깔려 있는 기본적인 요소와 경향성들을 보여 준다. 물론 여기에는 문화사도 포함된다. 예를 들어, 적그리스도적인 짐승 뒤에는 사탄적인 충동질이 있으며(계 12장 참고), 문화적 갈등을 포함한 모든 갈등은 근본적으로 여인의 후손과 뱀의 후손 사이에서 벌어지는 갈등에서 비롯된다. 어떤 '새로운' 문화적 시기에 바로 그 '옛날의' 뱀이 '구약의 여인으로서의 교회'와 그녀의 유일한 '후손'을 핍박하고, 그 여인과 후손을 전멸시키려고 하는 것이다.

지금까지의 내용을 요약해 보자. 성경 전체에서 나타나는 바, 그리스도로 오신 예수님이 성취하신 일과 그분이 하나님의 탁월한 직무 수행자로서 우주 만물 가운데서 만물을 위하여, 그리고 만물과 더불어 수행하신 일들을 분명하게 이해하지 않는다면, '예수'의 사역을 충실하게 묘사한다고 할 수 없을 것이다. '예수님'에 관한 성경의 이야기를 전하려면, '그리스도'에 관한 성경적 가르침이 반드시 담겨 있어야 한다. 그렇게 해야만 그 내용을 온전히 전한다고 할 수 있다.

8

'예수'에 대한 오해

사실 예수님에 대한 오해가 생기는 것은 그다지 이상한 일이 아니다. 예수 그리스도만큼 위대한 인물은 이 세상에 존재한 적이 없다. 그분이 사셨던 시대가 증언하는 바에 따르든 그분의 성품을 보든, 모든 영들의 아버지이신 하나님께서 그분에게 특별히 부여하신 위대함에 대해서는 더 이상 설명하거나 설득할 필요가 없다. 그러나 실제로 '예수'에 관한 이해는 어느 정도 차이가 있다. 앞에서 언급한 대로, 사역의 측면에서 그분이 이 땅에서 인생들과 더불어 사셨던 시대와 그분을 분리하여 이해해서는 안 된다. 그렇다고 해서 그 시대에 근거하여 이해해야 한다는 말은 아니다. 예수님은 그분이 사셨던 시대를 근거로(on the basis of)가 아니라, 그 시대를 매개로(by means of) 알려지신다. 그분이 모든 시대를 지배하고 통치하며 다스리시기 때문이다.

"때가 차매"라는 표현은 그분에게 일어난 일이 뜻밖에 맞닥뜨린 우연한 사건이 아니라는 의미를 시사한다. 여기서 '때'라는 것은 우발적인 것이 아니다. 곧 우연히 비옥한 토양을 '발견하여' 자신이 원하는 바를 심고 그것으로 자신의 일을 이루어 가는 식이 아니다. '때'란 그분의 때, 곧 '카이로스(kairos)'이다. 즉, 하나님이 작정하신 대로 진행되는 연속적인 시간으로서의 '크로노스(chronos)' 안에서, 그분이 특별히 선택하고 그분의 목적을 위하여 창조하신 시간으로서의 '카이로스'이다.

그분은 여러 민족들의 문화사나 이스라엘의 구원사를 근거로 설명될 수 있는 분이 아니다. 왜냐하면 바로 그분이 그러한 역사들(이방 민족들과 선민의 역사는 모두 근본적으로 하나의 역사이며 동일한 영역이다)의 기초가 되고, 그 역사들을 운행하며, "첫 열매(Firstling)"이고, 시작이요 원리이며 목적이고, 또한 새로운 출발점이 되시기 때문이다. 헬레니즘을 연구한다고 해서 그분을 설명할 수 있는 것도 아니다. 설령 그것이 근본적으로 그분의 말씀과 사역을 특별하게 이해하게끔 이끈다고 하더라도 말이다(그분의 말씀과 사역을 연구하면 헬레니즘을 특별하게 이해할 수 있는 것은 사실이다). 또한 유대교를 연구한다고 해서 그분을 설명할 수 있는 것도 아니다. 유대교를 연구하면(연구 결과가 좋은 쪽으로 나온다면) 예수님에 대해 해석하는 사람들의 관점을 더욱 분명히 알 수 있기는 하겠지만, 그분을 설명할 수는 없다.

예수님은 끊임없이 말씀하시는 '신실한 증인'이시지만, 신앙이 없는 이에게는 때때로 수수께끼같이 말씀하는 증인이시다. 그러나 예수 그리스도는 결코 스핑크스가 아니다. 결코 그렇지 않다. 다만 그분을 그리스도로 알지 못하는 사람들이 만들어 낸 다양한 '예수님에 관한 개념'과 임의로 고안한 '예수님의 이미지'가 조용히 조롱하는 듯한 스핑크스의 미소로 그것을 고안한 사람들과 그것을 경배하는 사람들을 괴롭히는 것이다.[5] 인류가 낙타 무역상들처럼 길게 늘어서 행진하고 있는 길가에 그러한 스핑크스가 계속 세워지곤 한다. 만일 성경이 아니라면, 도대체 어떻게 그러한 길들 중 어느 길이 가장 중요하고도 중심이 되는 길인지를 결정할 수 있겠는가? 시간의 한가운데 이 스핑크스가 서 있다. 그러나 '역사의 중심(die Mitte der Zeit)'의 본질에 관한 논의(최근에 활발하게 제기되는)에 과연 누가 정답을 제시할 수 있겠는가?

수세기 동안 사람들은 이 스핑크스를 스쳐 지나가면서 보았다. 금세기가 시작되면서 어느 누구도 그것을 보거나 듣지 못했지만, 지금도 여전히 수많은 사람들의 마음속에는 줄곧 희미하고 불안하게 그것이 서 있다. 그러나 성경을 통해 '예수님' 안에서 '그리스도'가 발견되기 전까지, 그것은 여전히 입을 꾹 다문 채로 침묵할 것이다.

물론 그리스도는 이전에도 말씀하셨고, 지금도 여전히 말씀하신다. 그분은 자신의 신성과 위엄과 자비와 성령으로 우리 가운데 '현존'하시면서, 기록된 계시를 통해 말씀하신다. 그리스도의 말씀을 친히 듣기 전까지는 이 스핑크스에 관해 그저 한 편의 소설을 쓸 수 있을 뿐, 그것에 대해 절대

---

[5] 역자주 – 여기서 이미지(image)를 '우상'으로 번역할 수도 있을 것이다. 스킬더는 예수님에 대해 잘못된 이미지를 가지는 것이 '우상' 숭배일 수 있다는 가능성을 암묵적으로 지적하고 있는 셈이다.

로 설명할 수 없을 것이다. 예수님이 그분의 빛 가운데서 드러나야 한다. 아니, 그분이 친히 자신의 빛 가운데서 자신을 드러내 주셔야 한다. 이렇게 자신을 자신의 빛으로 현시하고 설명하는 동안, 예수님은 이미 그리스도로서 사역하고 계시는 것이다. 그분은 그리스도이시며, 바로 이 일을 통해 하나님의 선지자요 제사장이며 왕이 되신다. 예수님이 그리스도이시자 여호와의 종이시기 때문에 그분 안에서 빛이 비치는 것이다. 그분은 우리가 '예수'와 '그리스도'를 분리시키는 것을 허락하지 않으신다. 심지어 학문 세계에서조차도 그것을 허락하지 않으신다. 그것이 '생명 안에서' 허락되지 않는 일이기 때문이다.

문화적인 삶에서 '예수'의 중요성에 관하여 사람들이 서로 다른 의견들을 제시한다는 데 놀랄 필요가 있을까? 다시 말해, "예수님과 문화"라는 문제에 대한 해석이 이에 대해 생각하는 사람들의 숫자만큼이나 많다고 해서 놀랄 이유가 있겠느냐는 것이다.

물론 놀랄 필요가 없다. 이렇게 해결하기 어려운 상황 속에서도 여전히 그분의 위대하심이 드러나고 있으며, 그분의 심판이 시행되고 있다. 거기에 대해 우리는 분명한 증거를 볼 수 있다. 우리가 언제나 '예수 그리스도'이신 그분께 '순종해야(hear)' 한다는 그분의 적극적인 명령이 그것을 분명하게 드러내며, '예수'로서 그분을 '보는 것(see)'에 그쳐서는 안 된다는 두렵도록 진지한 소극적 명령이 그것을 증언한다. 그러한 증거를 발견하지 못한다면, 그러한 명령이 효력을 발휘할 것이다.[6]

문화적·역사적 연구에서 역사적으로 논의되었던 '예수님에 관한 구절들'을 살펴보면 큰 혼란에 빠지기 쉽다. 그러한 구절들은 우리에게 문화적·역사적 심판을 상기시킨다.

"그들이 보아도 보지 못하며 들어도 듣지 못하며 깨닫지 못함이니라"(마 13:13).

'예수님의 이미지'를 임의로 형성하는 작업은 모두 마땅한 보응을 받는다. 그러한 작업은 결국 가장 개인주의적인 관점들을 양산할 뿐이다. 앞에서 우리는 이런 불건전한 토양에서 산출된 사악한 결과물들을 몇 가지 살펴보았다. 사람들은 '예수'에 관해 말하고 싶어했다. 그러다 보니 더욱 뻔뻔스럽고도 실망스러운 결과를 초래하고 말았다. 마르크스주의자들은 예수님을 문화사에 존재했던 위대한 혁명가로 이해했다. 그리고 헤켈(Ernst Haeckel)은 예수님을 문화를 경멸한 인물로 소개했다. 콘스탄틴(Constantine) 황제는 그분을 가장 기독교적인 문화 투쟁 속에서 가장 성공한 선전 선동가로 보았다. 또한 슈펭글러(Oswald Spengler)는 그분을 아랍 문화사에서 발견되는 가상의 인물들 중 한 명으로 받아들였고(예수님을 말이다!), 챔벌린(Chamberlain)은 그분을 도덕적 문화의 건설자로 보았다. 그리고 헤겔(Hegel)은 '예수'를 일종의 문화적 범신론과 연결시켰다. 특히 이 헤겔은 초기 기독교인들이 만물을 삼위일체론적으로 표상했던 것을 헤겔 자신과 분리해 생각할 수 없도록 만들어 버렸다.

많은 사람들은 오직 램버스(Lambeth)[7]나 스톡홀름(Stockholm)[8]에서

---

6) 역자주 - 그러한 증거를 발견하지 못한 사람이 심판의 대상이 될 것이라는 뜻이다.
7) 역자주 - 영국 런던의 한 지명으로, 캔터베리의 대주교가 런던에 주재할 때 머무르는 궁이 있다. 영국국

태양이 떠오른다고 생각하면서, 그 도시들에서 '제3의 신조(the third confession)'를 작성하고 싶어했다(그 신조가 지금은 어디에 있단 말인가?). 그들은 '예수' 안에서, 소위 주제별로 살펴본 문화에 관한 질문들에 대해 문화계에 직접적인 메시지를 훌륭하게 공식화시켜 주신 위대하신 분을 보았다. 그렇게 함으로써 그들의 메시지가 가진 직접적인 성격이 결국 근본적으로 모호해져 버렸다는 것을 말할 수밖에 없지만 말이다.

또 다른 회의의 대표자들은, 자신들이 마치 영감을 받은 제자나 영감을 제공하는 성자들인 양 뽐내면서, '동양'과 '서양'을 잇는 마지막 연결 고리를 제공하는 수많은 수수께끼 같은 얘깃거리들을 남기고 떠나 버린 '현자들(the wise)' 가운데 조그만 자리 하나를 예수님에게 내주었다. 그리하여 그분은 서양의 전통적인 '스승(Teacher)'이요, 이런 동서양 간의 접촉을 통해 그와 동일한 동양의 전통적인 '족장(Patriarch)' 중 한 분이 되어 버렸다. 서양 세계는 전통적으로 스승들의 말씀을 듣고 싶어한다. 반면 동양에서는 자신들의 족장들이 계속 침묵하고 있는 것을 듣고 싶어한다.[9] 전자는 그들의 저술들을 많이 기록함으로써 그들의 개념들을 분명하게 표현하는 반면, 후자는 몇 줄로 기록된 바의 행간을 통해 너무나 역설적인 생각들을 추측하게 하며, 오히려 개념의 '명쾌함'을 비웃는다. '명쾌함'이라

교회 인물들을 풍자적으로 표현하고 있다.
8) 역자주 - 스웨덴의 수도로서, 영국의 램버스에 해당되는 종교적 위치에 있는 도시이다.
9) 역자주 - 저자는 "침묵하고 있는 것을 듣는다"라는 역설적인 표현을 통해, 예수 그리스도를 침묵시키려는 동양인들의 예수 이미지를 비꼬고 있다.

는 것은 오히려 명쾌함이 결여된 것일 뿐이라는 식이다.

이런 식으로 오늘날 예수님은 문화의 한 요소가 되어 버렸다. 신학자들이 그분이 하시는 말씀을 들었기 때문이 아니라, 신지학자(theosophists)들이 그분의 침묵을 통해 말씀하시는 바를 들었기 때문이다. '스핑크스'가 우연이 아니라 유일하게 적절한 비유가 되겠다. 이런 사람들은 거의 회의장에 모여들지도 않고, 또는 예수님에 관해 작성한 메시지가 있더라도 크게 개의치 않는다.

금욕주의자들과 신비주의자들, 그리고 다른 부류의 분파주의자들을 보라. 그들은 예수님이 문화에 전혀 관심이 없다고 생각한다. 그분은 영혼, 즉 '마음'을 향해 하나님에 대해서만 말씀하실 뿐이라는 것이다. 그들은, 그분이 오직 이 거대한 세상의 거칠고도 험한 인생살이와 완전히 분리되라고 명령하신다고 주장한다. 즉, 바벨론을 벗어나 그것들로부터 분리되라는 것이다. 현대의 종교사학파(Religionsgeschichte)에 속한 신학자들은 '예수님'을 무함마드(Muhammad), 자라투스트라(Zarathustra)와 같은 '종교의 창시자들' 중 하나로 취급한다. 그러고는 참된 종교와 거짓된(유사한) 종교를 실제적으로 구분하는 가르침을 듣기 싫어한다. 기껏해야 예언의 능력이 얼마나 다른가 하는 식의 차이에만 관심을 가질 뿐이다. 천년왕국과 관련된 수많은 분파들은, 수세기 동안 스콜라주의적인 위계적 기독교뿐만 아니라 생명력 있고도 개혁주의적인 건전한 기독교까지 비난했다. 엄밀히 말해, 그들은 '예수님'을 자신들의 이기주의와 집단주의를 위한 음울한 선지자로 여긴다. 그들은 당돌하게도 은밀한 공동체를 형성하고는 세상의 어떤 것도 받아들이지 않은 채 살아감으로써 세상과 교회를 영구히 분리할 경계선을 찾고 있다.

9

잘못된 해결 방식 3_'교회' 자체의 잘못

　물론 '교회' 자체에도 잘못이 있다. 교회조차도 간혹 '예수님' 안에서, 그리고 그분이 하신 일들과 하지 않으신 일들 안에서 그분이 하나님의 '그리스도'이심을 보지 않으려고 했다. 신학자들이 성경에서 네 복음서를 잘라 내 성경의 전체 메시지를 오염시키는데도, 교회는 그것을 방관했다. 이러한 측면에서 교회는 유죄이다. 신학자들은 복음서에서 '객관적인 예수님'의 이미지를 뽑아낼 수 있다고 하면서 성경의 전체 메시지를 변질시켰다. '예수'라는 이름만을 염두에 둔다면, 아마도 문화와 관련해 예수님이 하지 않으신 것에 대해 말할 수 있을 뿐, 그것에 대해 적극적으로 답변할 수는 없을 것이다. 적극적으로 답변하려면, '예수'(그분의 첫 번째 이름으로서 직무의 내용을 담고 있다)라는 이름뿐만 아니라, 두 번째 이름인 '그리스도'도 고려해야 하기 때문이다. 역사적으로 기록된 '예수님'에만 관심을 둔 채 '그리스도'라는 이름으로 우리에게 예언된 일들을 무시한다면, 소소한 의미를 뛰어넘어 더 중요한 의미를 얻을 수 없을 것이다. 그저 이 구절과 저 구절에 흩어져 있는 평행법이나 비교법이나 비유를 통해 모범이 될 만한 몇 가지 일들만을 배울 뿐이다.

 이렇게 겉만 번지르르한 이야기들은, 간혹 연민의 감정을 불러일으켜, 아주 섬세한 복음서의 단편적인 이야기를 통해 '문화 이론가로서의 예수님'에 관한 교리를 형성하는 데 어느 정도 공헌하기도 한다. 예를 들어, 예수님의 탄생 기사에 나오는 황금, 유향, 몰약을 간혹 그분이 부유하셨다는 증거로 제시하기도 한다. 또한 그리스도께서 헤롯 왕의 청지기 구사의 아내와 같은 부자들에게서 섬김 받으신 것을 자주 들먹이면서, 그분이 옛 이스라엘에게 비상 대책이자 보복의 방편으로 허락하신 "애굽인들의 물품을 취하라"라는 명령을 오늘날의 교회에게도 규칙으로 주셨다고 주장한다. 시몬의 집에서 한 여인이 비싼 향유로 그분의 발을 씻기려 할 때 그것을 허락하신 일, 부유한 서기관의 집에 식사하러 들어가신 일, 그리고 갈보리 십자가 아래에서 군병들이 제비를 뽑았던 "호지 아니하고 위에서부터 통으로 짠"(요 19:23) 그분의 옷까지도 모두 예수님의 삶에 대해 교훈하는 덕목의 한 예로 삼아, '예수님과 운치,' '예수님과 재물,' '예수님과 문화'라는 식으로 설명하기도 한다. 이런 예들을 더 들어 무엇하겠는가!

 그러나 이 모든 것들이 얼마나 의미 없는 것인지를 알지 못한다는 말인가? 황금과 유향과 몰약은 탄생 사건 이후에 복음서에서 다시는 언급되지 않는다. 아마도 이것들은 예수님이 애굽으로 피난 가셨을 때 사용되었을 것이다. 이 나사렛의 랍비는 자신이 받은 돈을 모으는 대신 하나님 나라의 복음을 가르치는 데 사용하셨다. 그 일을 위해 값비싼 향유가 사용되었다. 그분은 그것으로 제자들에게 재물이나 재물 사용하는 방법에 관해 가르치지 않으셨다. 그분은 그것을 통해 시몬을 부끄럽게 하거나 임박한 자신의 죽음을 제자들에게 가르치려 하셨다. 특히 이 향유를 장례 예식의 한 요소와 연결하심으로써 자신의 죽음을 전하셨다.

그 이상은 알지 못한 채 이런 '자료들'만으로 도대체 무엇을 할 수 있단 말인가? 이 자료들이 정말로 그저 문화에 관한 이미지를 제공할 뿐인가?

"여우도 굴이 있고 공중의 새도 거처가 있으되 인자는 머리 둘 곳이 없다"(마 8:20).

이것들이 진정으로 문화기술적 자료란 말인가?

"누구든지 너희를 영접하지도 아니하고 너희 말을 듣지도 아니하거든 그 집이나 성에서 나가 너희 발의 먼지를 떨어 버리라"(마 10:14).

이제 이러한 질문들 말고 나의 주장을 듣고 싶다면, 답을 하겠다. 예수님은 고기 잡는 일에 한창인 야고보와 요한을 불러 동역자로 삼으셨다. 그분은 결코 위장된 문화 유형을 제공하지 않으셨다. 오히려 갈릴리에서 고기 잡는 일을 그만두고 나사렛 사람인 자신을 따르게 하셨다. 그중 한 명은, 세상의 운명을 결정하는 엄청난 사건이 벌어지고 있는 재판정에 쭈뼛거리면서 들어가 기어이 투박한 사투리를 뱉어 내고 말았다.

예수님은 때때로 나병 환자를 고치셨지만, 나병 환자 요양원을 세우지는 않으셨다. 또한 그분은 간혹 눈먼 사람들을 치료하기도 하셨지만, 어떤 이들은 치료하지 않고 눈먼 채로 내버려 두기도 하셨다. 어떤 경우에는 진흙을 사용하여 기적을 베풀기도 하셨지만, 눈먼 자들을 돕기 위해 어떤 조직을 만들지는 않으셨다. 그분은 자신을 왕으로 세우려는 무리들을 떠나셨으며, 그들의 제안을 받아들이지 않으셨다. 그분은 나귀 새끼를 타고 예루살렘 성으로 들어가셨다. 그분은 아랫사람들을 조심스럽게 대하셨으며, 특히 자신의 제자 중 하나가 말고라는 하인의 귀를 베었을 때 즉시 그 사람을 치료해 주셨다. 그렇다고 해서 복음서에서 그분이 노예해방 단체를 조직하셨는지 찾아보려 한다면, 헛수고일 것이다. 예수님은 귀신 들린 사람들의 눈을 깊이 주시하면서 그들을 빛으로 인도하셨다. 그러나 치료소를 세우지는 않으셨고, 그런 치료를 위해 직접적인 준비 작업을 하지도 않으셨다.

한편 그분께 부름을 받은 사람들은 훗날 책을 썼는데, 그 책에는 그 어떤 기교적인 문체도 없었으며, 그저 당시 사람들이 쓰던 일상용어들이 사용되었다.

다시 질문해 보겠다. 이와 같은 자세한 사항들을 통해 우리가 지금 다루고 있는 문제들을 정의하고 그에 대해 답변하려 한다면 어떤 진전을 이룰 수 있겠는가? 과연 이런 방식으로 해결책을 찾을 수 있겠는가?

3부
안개를 뚫고 나오기 위한 올바른 모색

10
문화의 관점에서 본 예수님의 생애의 성경적 개요

아마도 어떤 사람은 앞에서 설명한 것이 소소한 사항들에 대한 호기심을 그러모은 것일 뿐 정당하고도 진지한 견해를 개진한 것이 아니라고 주장할 것이다. 그렇다면 이러한 세세한 항목들 대신에 대략적인 개요로 예수님의 생애를 살펴야 하는가?

그래, 그렇게야 할 수 있지.
허나, 그래도 결과는 매한가지일 것.
그래, 몇 가지만 말해 보지.

나사렛의 랍비가 이 땅에 계실 때, 유대교는 (한 가지 예를 들자면) 조형 예술을 전혀 가치 없는 것으로 여겼다. 그분은 자주 발견되는 이런 무관심을 전혀 바람직스럽게 여기지 않으셨을지도 모른다. 그분은 분명 선견자요 선지자이셨다. 선견자는 사람의 마음속에 무엇이 있는지를 알며, 선지자는 그들의 마음속에 있는 바를 성경이 명령하는 바와 연결시킨다. 따라서 그분은 명민한 시각과 선지자적 통찰력으로, 그런 현상을 우리가 보는 것보다 더욱 분명하게 보셨을 것이다. 즉, 당시 유대주의가 예수 그리스도의 아버지께서 자기 백성 이스라엘과 만국에 허락하신 십계명의 두 번째 계명을 잘못 해석한 결과 그러한 조형예술에 대한 무관심이 나타났음을, 예수님은 분명히 느끼셨을 것이다. 만일 우리가 예수님께서 하나님의 계명을 장로의 유전으로 바꿔 버린 당시 유대교 지도자들을 향해 책망하신 내용들을 단지 몇 가지 윤리적 조항들로 제한해 버린다면, 우리는 전적으로 오류를 범하는 것이다. 마치 일반 독자들이 교회에 관한 교양 잡지를 읽으면서 더욱 분명히 이해하기 위해 제기하는 질문들과 같다. 이를테면, 피째 먹지 말라고 했는데 선짓국을 먹어도 되는가, 주일에 자전거를 타도 되는가, 친척끼리 결혼할 수 있는가 하는 질문들과 같다. 조형예술을 배제하는 경향은, 유대인들을 당시 모든 문명 국가들과 분리시켰다. 성령으로 충만하신 참된 율법 해석자(예수님)께서 그러한 경향을 두 번째 계명을 잘못 해석한 결과[1])로 보시는 한, 그러한 '간극'은 분명 그분의 마음을 상하게 했을 것이다.

그리스도께서 '종말의 때'에 순례자의 길을 걷게 될 자신의 군병들에게

---

[1]) 역자주 - 어떤 형상도 만들지 말라고 했으므로 모든 예술 행위를 금지해야 한다는 식으로 결론짓는 것을 말한다.

주신 구체적인 명령들에 과연 조형예술이 포함되는가 하는 물음에 관해 선입견을 배제하고서 다음과 같이 추론해 보자. 그분이 자기 백성에게 조형예술과 관련하여 어떤 무조건적인 명령(a mandate)을 내리려고 하신 것이 아니라고 가정해 보자. 그분은 결코 그런 부정적이며 금욕적인 윤리를 제공하시지 않았을 것이다. 더욱이 그런 윤리가 하나님의 율법을 잘못 해석하여 하나님을 기쁘시게 하려는 태도를 불러온다면, 예수님께서 그런 금욕적인 윤리를 주시지 않았을 가능성이 크다. 특히 하나님께서 명령하여 세우신 사람들(카이퍼의 일반은총 개념을 설명하는 데 매우 중요한 브살렐과 오홀리압)의 섬김으로 지어진 성막과 성전이 조형예술적 측면에서 탁월했다는 점을 고려한다면 더욱 그러하다.

그러나 예수님은 이른바 '예술론'에 관해 직접적으로 언급하지 않으셨다. 그런 예술론이 있었더라면, 앞에서 우리가 던진 질문들에 어떤 식으로든 적절히 답변할 수 있었을 것이다. 만일 어떤 사람이 인간으로서 '예수님'을 귀한 선지자요 스승이자 예술가로 여긴다면, 하나님 앞에서 죄 없이 사셨던 분이 이런 문제들에 대해 보이신 무관심한 태도에 더욱 실망하고 말 것이다. '예수님'에게서 좀 더 발전된 문화 윤리나 미학 이론들을 듣고 싶어하는 사람들은 더욱 그러할 것이다. 그분의 가르침에는 그런 문화 윤리나 미학의 (발전된) 서론조차 없다. 그분은 '자신'의 어떠한 관념을 가르치지 않으셨다.

그분은 강사가 아니라 선지자이셨다. 그분께서 얼마나 자주 "성경에 이르기를"이라고 말씀하셨는가? 이렇게 말씀하심으로써, 그분은 자신의 이름이 붙은 체계적인 이론을 가르치는 강사가 아니라 선지자로서의 길에 서셨다. 물론 그분은 선지자들보다 높으며 그들의 예언을 '성취'하신 분이지만, 선지자들과 자신을 분리하지 않으셨다. 이는 정말로 '실망스러운 일'이다. 이 '예수님'은 자신의 규칙에 관해 어떤 체계적인 강연도 하지 않는 것을 자기 명예로 삼으신다. 친히 말씀하신 대로, 그분은 하나님께서 주신 '율법'을 폐하러 오신 것이 아니라 완성하러 오셨다. (그분 자신의 이론적 체계를 사용하여) '완성하는 것'은 '폐하는 것'과는 다르며, '무언가를 첨가하는 것'도 아니다.

앞에서 우리는 직접적인 유신론적 문화 이론이 완전하게 발전한 적이 없다는 점을 언급했다. 그런데 어쩌면 '예수님'이 문화 이론에 관해 변증학을 제공하신 것은 아닐까? 아니면 문체에 관한 원리들을 제공하신 것은 아닐까? 전체 이론은 아니더라도 아주 작은 부분이라도 말이다. 그것도 아니라면, 그런 것에 관한 짧은 경구 하나라도 제공하지 않으셨을까?

우리는 그분이 이 땅에서 공생애를 보내시는 동안 어떻게든 이런 이론적인 체계를 제공하셨으리라 생각하기가 쉽다. 이 시점에서 우리는 당시 이스라엘에서 유행했던 헬레니즘화에 대해 생각하게 된다. 헬레니즘은 예술에 큰 영향을 미쳤다. 음악을 예로 들어 보자. 그리스인들은 제의 활동을 문화 활동으로 생각한 반면, 유대인들은 고집스럽게도 그것을 '거룩한' 제의 활동으로 유지해 왔다. 그러한 맥락에서 유대인은 음악도 성전의 제의 활동에서 사용하는 것으로 제한하였다. 한편, 성전 밖에서는 이스라엘의 음악에 맞서 '자유로운' 헬라의 음악이 세속적인 문화 활동에서 우위를 점하고자 하였다. 건축에서도 여러 단계로 이루어지는 문화적 변이의 영향을 볼 수 있는데, 그중에서도 특히 헬레니즘의 영향을 발견할 수 있다. 점점 이스라엘의 고유한 특성이 사라져 가고 있었던 것이다. 공적인 경기, 정부 조직, 군대 조직, 의상에 이르기까지 모든 분야에서 어느 정도 이방의 양식을 따르고 있었다. 다시 말하지만, 이 모든 것들이 예수님의 마음을 상하게 했을 것이다. 하나님의 율법의 검에 의해 한없이 다듬어져 예민해진 그분의 마음을 말이다. 문화양식이 결핍되고 사라진 것은, 인간이시자 제2위 하나님이시요 흠 없이 초유의 방식으로 결합된 신인(神人)[2] 이신 그분께 분명히 큰 상처를 주었을 것이다. 그러한 현상은 언제나 그분께 충격이었을 것이다. 그와 같은 평준화와 국제화, 즉 자기 백성이 그런 거짓된 보편성을 추구해 가는 부자연스러운 과정은, 밤낮으로 성경을 애독하셨을 그분께, 자신이 누구인지를 분명히 아는 선지자이신 그분께 끊임없이 근심하는 원인이 되었을 것이 틀림없다. 그것은 결국 '이방'과 더불어 간음하는 것과 같았기 때문이다.

  이것이 하나의 원인이 되어 아브라함의 자손들은 포로로 전락해 이방인 가운데 흩어지게 되었다. 이런 흩어짐이 하나님의 심판이라고 불리지 않았는가? 그것은 예수님의 백성들을 지배하는 데 성공한 이방 권세의 잔재를 보여 주었다. 그분은 이러한 흩어짐에서 이스라엘이 범한 죄의 결과를 보셨다. 그 안에서 간접적으로 자신의 사명을 성취하기 위한 준비의 과

---

[2] 역자주 - 영역자는 참된 하나님이자 참된 인간이신 이 결합을 '구성(composition)'이라는 말로 표현한다. 여기서는 이해를 돕고자 '신인'이라고 번역했다.

정을 보신 것이다. 그분은 이스라엘이 다른 국가들을 의존하는 것을 일종의 심판이 진행되고 있는 것으로 간주하셨다. 그 안에서 죄와 상실, 연약함과 세속적인 모습들을 보셨다. 죄야말로 죄에 대한 가장 엄격한 심판이 아닌가? 이것이 바로 스바냐 선지자가 보았던 상황이 아닌가? 스바냐도 이스라엘 안에서 이방의 관습이 미친 듯이 유행하는 것에 분노를 터뜨렸다.

"여호와의 희생의 날에 내가 방백들과 왕자들과 이방인의 옷을 입은 자들을 벌할 것이며, 그날에 '문턱을 뛰어넘어서' 포악과 거짓을 자기 주인의 집에 채운 자들을 내가 벌하리라"(습 1:8,9).[3]

그는 요시야 왕의 개혁 당시에 일어난, 추파를 던지며 사람들을 유혹하는 선동가들의 죄에 대항하는 전쟁에 참여했다. '앗수르의 방식으로 행하는 것'에 분노했던 것이다. 이는 마치 오늘날 '충실한' 칼빈주의자들이 프랑스 파리의 유행 속에서 악취를 분간해 내고, 청교도들이 문화적 '제5열(fifth column)'[4]에 의한 오염을 경계했던 것과 같다. 다른 나라의 신념을 따르는 일단의 훈련 교관들에게 붙여진 그 이름은 참으로 멋지지 않을 수 없다.

한 선지자는 "아스돗 방언을 절반쯤" 하면서도 유다 방언을 못하는 젊은 세대를 향해 분노를 터뜨렸다(느 13:24 참고). 또 다른 선지자는 여호와

---

3) 역자주 - 여기서 "문턱을 뛰어넘는 것"은 스바냐 당시 이스라엘의 제사장들이 문턱을 밟지 않고 뛰어넘는 블레셋의 다곤 신전 제사장들의 관습을 흉내 낸 것을 묘사한다(존 길의 주석 참고).

4) 역자주 - 이중간첩 행위를 지칭한다. 이 표현은 스페인 전쟁 당시 민족주의자였던 에멜리오 몰라(Emilio Mola) 장군이 한 기자에게, 4열 종대로 구성된 자신의 부대 외에 스페인 내부에 '5열' 지지자들이 있다고 말한 데서 유래한다.

의 성전에서 어슬렁거리는 '가나안 족속'(돈이라면 사족을 못 쓰는 장사치들)이 사라질 날에 대해 예언하기도 했다. 남쪽의 개혁자들은 블레셋 족속의 영향을, 북쪽의 개혁자들은 시리아의 영향을 경계하고 있었다. 장삿속이나 문화적 교류를 위해 이방 종교를 들여오는 것은, 설령 그 '형태'만 들여온다 할지라도(그 형태만으로도 내용을 포함할 수 있다) 제삼자가 보기에는 명백히 '창녀 짓'이다. 모든 선지자들은 이스라엘이 먼저 '교회'이며 그 다음에야 '국가'임을 매우 잘 알았다. 이스라엘은 먼저 교회였기 때문에 국가일 수 있었다.

그리고 보라! 수세기가 흐른 후에 드디어 '예수님'이 등장하셨다. 그러나 그분은 자신이 바로 스바냐를 비롯한 다른 모든 개혁자들과 성전 청결자들(temple-purgers)과 선지자들의 선구자요 후계자가 된다는 것을 인식하시면서도, 자기 백성들 가운데 서서 자기 시대 사람들의 구미를 자극할 만한 '유행하는 사조들'이나 그에 반대되는 구체적이고도 세련된 이론 체계를 전혀 제공하지 않으셨다. 그분은 문화양식이나 형태들에 관해서도 직접적으로 강의하지 않으셨다. 그저 한 손으로는 성경을 들고, 다른 한 손으로는 그분의 고기잡이꾼들을 붙드신 채 설교하고, 지도하고, 기도하셨다. 결혼 문제에 관해서도, 그분은 자신에게 제시된 두 가지 이론(샴마이[Shammai]의 이론과 힐렐[Hillel]의 이론, 마 19장 참고) 중 하나를 선택하지 않으셨다. 그분은 결혼하지 않으셨다. 무엇 때문이었을까? 결혼에 부정적인 태도를 가져야 하는가? 금욕주의를 따라야 하는가? 재물로 여겨질 만한 인생의 부를 철저히 포기해야 하는가? 장애인을 위한 시설을 부지런히 만들어야 하는가? 제발 이제 더는 그렇게 질문하지 않기를 바란다. 오히려 정답 없는 이런 질문들을 들을 때, 성경에 충만하게 드러나는 그리스도에 관한 계시의 빛이 예수님의 행하심을 비추지 않는 한 우리가 궁지에 빠져 있을 수밖에 없음을 깨달으라.

11

올바른 해결 방안 _예수 그리스도와 문화

따라서 우리의 문제는 다름 아니라 '예수 그리스도와 문화'의 측면에서 고찰해야 한다.

'예수'와 '그리스도'라는 두 이름이 결합할 때 우리는 문화에 대한 해답을 찾을 수 있다. '예수'라는 이름은 그분의 직무의 본질을 나타낸다(곧 충만한[pleromatically] 구원을 보여 준다). '그리스도'라는 이름은 그분의 직무가 '정당하다는 것'(legitimacy, 결정적으로 그분은 하나님께 임명받으셨다)과 그 직무가 확실히 '보장된다는 것'(guarantee, 그분은 '성령으로' 부으심을 받으셨다. 단지 어떤 물질적인 기름이 부어진 것이 아니라는 말이다. 그분은 반드시 완성되어야 할 것을 보시고, 그것을 이루기 위해 반드시 취해야 할 것이 있다면 언제나 그것을 확실히 취하신다)을 나타낸다. 분명히 구별되는 두 본성을 가진 한 인격 안에서 단 한 번 유일하게 결합된 이 두 이름은 어떤 말로도 규정할 수 없는 스타일을 창조하고, 단일한 음색들에서 화음을 창조한다. 그리하여 오늘날 우리는 성경의 빛을 통해 이 두 이름이 그분 안에 결합되어 있는 것을 보고, 그 단서를 통해 '예수의 생애'라는 '잘 연주된 어느 피아노 곡(Ein wohltemperiertes Klavier)'을 들을 수 있다. 아니, '어느(a)'가 아닌 '유일한(the)' 피아노 곡이라고 해야겠다.

그러므로 지금부터 이 하나님의 사람의 '직무'에 대해 살펴보려 한다. 그분이 성취하신 그 직무로 말미암아, 이제 자고 있든 깨어 있든, 움직이든 앉아 있든, 또는 말하든 침묵하든 하나님의 뜻에 따라 예수 그리스도를 설교하는 것이 우리의 일이 되었다.

이것은 우리가 다루는 주제의 첫 번째 용어인 그리스도에 적용된다. 또한 더 나아가 이 그리스도라는 직무의 성취를 통해 두 번째 용어인 문화, 곧 문화적 삶, 문화적 과업, 문화의 개념에 대해 분명한 통찰을 얻게 될 것이다.

12
성경에 계시된 그리스도의 직무의 본질

앞에서 우리는, 성경 없이는 예수 그리스도를 알 수 없다고 거듭 강조했다. 그분은 자신이 누구인지를 증명하기 위해 성경을 인용하곤 하셨다. 우리는 그것을 구체적으로 살펴보아야 한다. 그러지 않으면, 우리가 이르고자 하는 바에 도달할 수 없기 때문이다. 지금까지 수많은 '예수들'이 있었다. 이런 '예수들'은 아직도 빈민가나 시장 바닥에 존재한다. 엄밀히 말하면, 지금까지 수많은 '그리스도들'이 있었고, 지금도 은밀한 종교 집단(catacombs)에 그들이 존재하며, 운이 좋으면 시내 중심가에도 존재한다. 그런데 마리아와 요셉의 아들로 여겨지는 그분의 경우, 우리가 그분의 이름만으로 예수님이 참되고도 유일하며 그 이름에 합당하신 분이요 신적인 약속이 그분 안에서 최종적으로 이루어졌고 그분이 자신의 직무를 성취하기에 충분하시다는 사실을 아는 것이 아니다. 또한 그분의 재림(*parousia*)이나 현현을 읽음으로써 이런 사실을 알게 되는 것도 아니다. 우리는 오직 성경으로부터 '이 사실을 들음'으로써 알 수 있다.

이제 우리는 이 모든 것을 알고 있다. 우리는 그분의 직무가 성경의 그리스도와 그분의 백성을 결코 분리시키지 않고 그들에게서 그분을 고립시키지 않는 한, 독특하고도 유일하며 결정적이고도 완전한 기름 부음이 그분의 독특한 위격(서로 구별되는 두 개의 본성으로 구성된)과 결합되어, 그분을 두 번째 아담이요 어느 누구와도 비교할 수 없는 일을 행하신 독특한 중보자로 만든다는 사실을 안다. 예수님의 사역은 그분의 직무에 속한 일이었고, 지금도 그러하다. 그래서 그분은 우리 모두를 찾으신다. 그런데 그분이 그 일을 하셨고 지금도 하시기 때문에, 그 일이 하나님을 향한 그분의 독특한 섬김으로 그분을 정의한다. 예수님을 제대로 이해하면, 그분을 절대 모방하려 할 수 없다. 수천의 군사들이 있어도, 그중에 총사령관은 단 한 명이다. 누군가가 이 총사령관을 흉내 내려고 한다면, 군대 전체가 마비되고 말 것이다. 총사령관은 군사들 한 명 한 명과 깊이 연결되어 있다. 총사령관은 어느 누구에게도 규제받지 않는다. 다만 그의 가슴속에는 그 나라의 법이 깊이 새겨져 있다. '법(law)'과 '제복(uniform)'은 서로 다르다.[5]

지금까지 말한 논지를 파악하기를 바란다. 결혼하지 않는 것은 그분께만 주어진 명령이었다. 예수님의 직무는 고통받고 죽으시는 것이었다. 그

---

[5] 역자주 - 저자는 군사를 '제복'이라는 통일된 복장에 비유하고, 그 모든 제복들을 규제하고 통제하는 총사령관을 '법'에 비유한다.

분의 직무는 시대가 바뀔 때마다 그분이 하나님을 위하여, 그리고 사탄에게 대항하여 싸우시는 것이었다. 곧 그분의 직무는 두 번째 아담이 되시는 것이었다. 그리하여 사람들로 구성된 하나의 공동체를 세우시는 것이었다. 이전처럼 한 혈통으로 이루어진 공동체가 아니라, 생명을 주는 영(*pneuma*)이신 한 성령의 역사로 만들어진 공동체 말이다. 이 직무를 수행함으로써 그분은 하나의 큰 백성을 통치하게 되신다. 이 공동체는, 끈끈한 혈연이나 동일한 투쟁의 역사와 승리의 경험을 공유함으로써 세워진 나라가 아니다. 이것은 찢어진 그분의 몸에서 흘러나오는 유일한 보혈의 희생을 법적인 기초로 하여 세워진 나라이다.

예수님은 이 직무를 통해 사람들 가운데 머무셨다. 그분은 결코 스스로 분리되고자 하시지 않았으나, 자신의 '경험'의 독특성(*idion*)으로 인하여 무척 외로우셨다. 곧 그분은 하나님께서 우리에 관해 하셨던 그 말씀(the word)이 실현되는 것을 경험하셨다. 그다음에 너무나 특별한 하나의 말씀(a word), 그분의 독특한 상황과 관련된 하나의 말씀이 선포되었다.[6] 예수님은 이러한 절대 고독을 견뎌 내심으로써 지속적으로 하나님을 찬양하셨고, 또한 수많은 대중들이 하나님을 찬양할 수 있게 하셨다. 이 직무가 그분을 집어삼켰다. 심지어 그분의 육체를 집어삼켰다. 그분은 이 직무에 전적으로 복종했고, 이 직무는 너무나 완벽하게 그분의 영적인 삶과 육체적인 삶을 지배했다. 예수님은 그 엄청난 전투에 자신의 모든 육신과 진액

---

[6] 역자주 - 저자는 예수 그리스도에 관한 예언의 말씀들이 어느 누구도 이해할 수 없는 독특한 방식으로 성취되어 가는 동안 그분이 외로움을 경험하셨다고 표현한다.

을 쏟아 부으셨다. 그분은 하나님 앞에서(헬라어로 *enopion Theou*, 라틴어로 *coram Deo*) 의로우심과 강하심으로 그 전투를 치르셨다.

누구나 곧바로 느끼겠지만, 이와 더불어 예수님의 독신 상태에 관한 모든 것이 원리적으로 선포되고 있지 않은가? 만약 예수님이 혈육의 법에 따라 '그분께 주어진 자녀들'을 입양 또는 공동 입양[7]하지 않으시고, 또한 여호와의 종으로서 자신에게 주어진 멍에를 친히 담당하지 않으셨다면, 그분은 깨진 결혼 관계를 '치료'하실 수조차 없지 않으셨을까? 자녀들은 혈과 육에 속하였으매 그분 역시 같은 모양으로 혈과 육을 함께 지니셨다(히 2:14 참고). 왜냐하면 그분은 '우리 모두의 형제'로 불리기를 부끄러워하지 않으셨기 때문이다. 바로 이것이 그분의 직무이다. 반면 만일 그분이 우리의 (육신의) 아버지라고 불리셨다면, 당연히 그것을 부끄러워하셨을 것이다. 그것은 그분의 직무가 아니기 때문이다. 그분의 독신 상태는 우리가 따라야 할 본이 아니다. 금욕의 은사를 받지 않았는데도 결혼하지 않은 채 경건을 가장하게끔 주어진 '수준 높은' 이상도 아니다. 그분의 직무는 아주 독특한 것이다.

이 직무가 무엇인지를 아는 사람은, 앞에서 수수께끼처럼 주어진 모든 질문들에 뭐라고 답해야 할지를 알 것이다. 예를 들어, 동방에서 온 박사들이 바친 황금과 유향과 몰약은 그 위대한 사명을 실현하기 위해 사용되어야 했다. 그 값비싼 향유, 제비뽑기 당했던 옷, 마지막 밤의 만찬 등 모든

---

7) 역자주 - 성부의 입양과 성자의 입양을 '공동 입양(co-adoption)'으로 표현하고 있다.

것들이 그분의 직무를 완성하는 데 사용되어야 했다. 분명히 그분에게는 머리 두실 곳도 없었다. 그렇다고 해서 그분이 문화를 모멸하신 것이 아니다. 지붕 있는 집(머리 두실 곳)에서 머무는 것에 은근히 반대하신 것도 아니다. 선지자들은 지붕 있는 집을 저주하지 않았다. 다만 선지자들은 사람들이 지붕 있는 집에 머물면서 행하는 죄를 규탄하였고, 그들이 그 지붕 아래에서 하나님의 집을 무시하는 것을 책망했다. 참으로, 예수님은 우리에게 참된 문화를 주시기 위해 그 투쟁 속에서 슬픔을 겪으셔야 했다. 이 전투 중에 하나님은 그분에게 결코 '휴가'를 허락하지 않으셨다.

예수님은 여러 부류의 인생들을 자신의 어부들로 택하셨다. 사회학적으로 볼 때 가난한 자들과 문화적 삶 가운데서 허세를 부리지 않는 자들이 하나님을 기쁘시게 할 수 있기 때문에 그렇게 하신 것이 아니다(실상 갈릴리인들은 그렇게 가난하지 않았다). 그분이 갈릴리 사람들 가운데서 일하셔야 했기 때문에 그들을 택하신 것이다. 게다가 그분은 어부나 갈릴리 사람만을 제자로 뽑지도 않으셨다. 그분이 가난한 사람들 중에서 제자를 선택하셨는가? 어떤 사람은 그렇다고 말한다. 그러나 어떤 사람은, 제자들 중 몇몇이 자기가 하던 일을 버려두고 예수님을 좇았던 사실을 제때에 기억해 낸다. 그리고는 제자들이 예루살렘 귀부인들의 화려한 옷차림을 질투하는 악동들이 아니었다고 대답한다. 그들은 가난한 사람들이 아니라 '금광'과 같은 자신의 사업을 과감히 내던진 심지 굳은 영웅이라는 것이다. 메시아에 대한 예언이 그들의 마음에 불을 붙여 뜨겁게 달군 것이다.

그리스도께서 그런 사람들을 사도로 뽑으신 것은, 그들이 하늘나라에서 차지하게 될 의자를 사람들 가운데서 드높아지게 만드는 기초가 아니라 하나님 앞에서 의로운 자가 되게 하는 기초 위에 세울 때 오히려 그들이 포기한 황금으로 그것을 장식하게 되리라는 사실을 그들에게 가르치시기 위함이다. 그분은 이렇게 제자들을 뽑음으로써 앞으로 펼쳐질 계시의 때를 보여 주셨다. 곧 가장 아름다운 그 도시의 "빛나고 깨끗한 세마포 옷"이 "성도의 옳은 행실"(계 19:8 참고)[8]임을 가르치는 간결하고도 결정적인 말씀을 통해 모든 문화철학자들을 무시해 버리실 그날 말이다.

만일 무엇보다도 공의와 직무의 개념을 하나님의 말씀에 기록된 대로 이해하게 된다면, 당연히 나환자 요양소를 건설해야 한다는 결론에 이를 수밖에 없을 것이다. 그리고 안락사에 반대해야 하는 것도 당연하다. 심지어 모세의 율법을 보더라도, 나환자들을 격리시켜야 한다는 등 이미 사회사업에 관한 모든 것들이 잘 드러난다. 그러나 모세는 이것을 언약의 테두리, 곧 교회 안에서, 교회를 위한 신정주의적 봉사로 여겼다. 그래서 그리스도는 나환자 요양소를 세우지 않고, 오히려 그러한 일을 제자들의 일로 남겨 두셨다. 심지어 그 언약의 영역이 지리적으로 모세 시대와는 다른, 오늘날처럼 지역 교회와 같은 것으로 여겨지는 때에도 그러하다. 그분은 오직 가시로 만든 왕관을 원하신다.

그분은 어부들을 불러 설교자들로 변화시키시고, 그 설교자들로 하여

---

8) 역자주 - 저자는 "the righteousness of the saints"라는 표현을 쓴다. 이는 외적인 행실 자체보다는 그 행실을 가능하게 하는, 성도에게 주어진 '의로움'을 강조하는 것으로 보인다. 성경은 주어진 '의로움'과 그 의로움에서 비롯된 '행실'을 모두 강조한다.

금, 이를테면, 노예제도 폐지 운동을 조직하는 사람들이 되게 하신다. 그러나 그렇게 되려면, 그들을 통해 그 무엇보다도 심각하며 고통스럽고 야만적인 노예 상태가 바로 죄의 노예라는 사실이 이 세상에 선포되어야 한다. 또한 죽기까지 겸손하게 자신을 내주고 친히 노예(종)가 되신(빌 2장 참고) 그리스도로 말미암아 그런 노예 상태가 이 세상에서 그 근본까지 철저히 제거되어야 한다는 사실이 선포되어야 한다.

그분은 선견자로서 자신의 직무를 이루어야 할 시기와 시간들을 확실하고도 실제적으로 아신다. 그래서 그분은 병든 자를 모두 치료하지 않으신 채 내버려 두기도 하셨고, 때때로 어떤 사람은 치료하고 어떤 사람은 그냥 내버려 두기도 하셨다. 자신의 사도들이 은사의 능력을 발휘하여 그들을 치료하도록 남겨 두신 것이다. 오순절 이후 사도들이 병든 자들을 치료할 때마다, 그분은 자신이 죽음에서 부활하여 친히 자신의 성령을 통해 여전히 그들 가운데 함께하고 있다는 것을 보여 주고자 하셨다. 그런데 만일 '예수님'이 누군가에게 그리스도가 되시지 않는다면, 그분이 병든 자들을 내버려 두신 것(예컨대, 예루살렘 성전의 미문에 있었던 걸인)을 어떻게 이런 빛 가운데서 볼 수 있겠는가? 곧 '선견자가 되실' 뿐만 아니라 자신의 예언이 성취되는 순간에 그곳에 함께 계시는 그리스도가 아니라면, 어떻게 그런 것을 조명할 수 있겠는가?

참으로 그렇다. 그분은 자신이 성경의 그리스도로 이해되기를 원하신다. 그리스도를 그렇게 이해할 때, 우리는 10장에서 다룬 문제들에 대해 그분이 보이시는 적극적인 태도에 관한 중요한 통찰을 얻을 수 있다. 그분은 직간접적으로, 그리고 근본적인 측면에서 건축과 조형예술과 음악과 의상에 관해, 한 국가의 문화를 평준화하려는 경향과 그 독특성을 유지하려는 욕구 사이의 갈등에 대해 말씀하실 것이다. 그런데 그것은 그분이 오직 그리스도로서 하시는 말씀이다. 그분은 창조되지 않으신 영원한 로고스이시며, 심지어 '예수'로서 태어나기 전에도 모든 열방들의 문화를 통치해 오신 분이요 오순절에 '천년왕국'(승천과 오순절 이후 재림 때까지)의 활동을 시작하신 바로 그 그리스도로서 말씀하신다. 지금 성육하신 하나님의 말씀, 그 영원하신 분의 이 최종적 단계에 그분은 그리스도로서 자신의 일들을 온전히 완성하실 것이다. 즉, 과거와 현재와 미래의 '문화들'에 관한 질문과 갈등이라는 모든 측면들을 완성하실 것이다. 특별히 이 세상 가운데 그리스도인의 문화(Christian culture)[9]를 세우심으로써 그 일들을 이루실 것이다.

---

9) 역자주 - 앞에서 저자가 소위 '기독교 문화'라는 개념을 비판한 것을 감안하여, 'Christian culture'를 '기독교적 문화'가 아니라 '그리스도인의 문화'라고 번역하였다.

13

첫째 아담과 둘째 아담의 직무

다음으로, 지금 우리가 다루고 있는 주제의 '문화'와 '문화적 삶'이라는 개념을 발전시키려면, 하나님의 계시와 온전히 조화되는 직무에 관한 성경적인 개념을 살펴보아야 할 것이다. 그것이 문제 해결에 직접적인 도움을 줄 것이다. 특히 직무에 관한 개념을 존 칼빈(John Calvin)이 명백하게 이해한 방식으로 이해한다면, 이 피곤한 신경전을 끝낼 수 있을 것이다. 이런 신경전에서 어떤 이는 '문화'를 강조하면서 '종교'를 무시하고, 또 어떤 이는 '종교'를 우선시하면서 '문화'를 이와 대립하는 것으로 이해한다. 그러한 사고의 흐름이 오늘날 우리에게까지 이어져 오고 있다.

둘째 아담에 관해 제대로 이해하려면, 우리는 사물의 '시초' 곧 '첫째 아담'의 시대로까지 거슬러 올라가야 한다. 하나님은 언약의 교제 가운데서 첫째 아담에게 계시를 주시고, 그 언약의 첫 번째 원리를 가르치셨다. 첫 아담은 (적어도 진화론의 관점을 받아들이지 않는 사람들에게는) 순진무구한 어린아이가 아니었다. 벨직 신앙고백서의 용어를 빌리자면, 그는 다른 모든 피조물들과 더불어 자기 직분(his *officium*)을 부여받았다. 곧 그는 하나님의 역사를 통해 창조된 전체의 한 부분으로서, 그분의(His) 직무의 한 부분을 부여받았다. 천사들에게 그러했듯이, 아담에게 주어진 직분(*officium*)이 그에게 직무(office)가 된 것이다. 아담은 직무담지자(office-bearer)가 되기 위해 창조되었다. 우주라는 거대한 장치의 한 부속품이 아니라, 하나님께 엔진을 움직이는 자로 임명받은 존재로서, 그러나 첫 번째 시동자가 아니라 두 번째 운전자로서 책임을 지도록 창조되었다.

아담(인간)에게 이렇게 중요한 직무가 주어짐으로써 다른 존재들과의 모든 관계들 안에서 그가 어떻게 행동해야 하는지가 결정되었다. 심지어 그의 특성도 결정되었다. 하나님은 아담을 자신이 원하는 모습으로 창조하셨다. 하나님은 아담이 목적을 가진 직무담지자가 되기를 원하셨다. 이런 관점에서 보면, '순진무구한' 원시인이라는 개념은 완전히 사라져 버린다. 인간에게는 '하나님의 동역자'라는 칭호가 주어졌다.[10] 이런 엄청난 우주적 맥락에서 볼 때, 인간에게는 그분의 일의 한 부분이 주어졌다. 따라서 에덴동산에서 타락하기 전의 원래 상태에서 행해진 이런 일은 즉각, 그

---

10) 여기서는 성경에서 이 표현에 해당하는 헬라어를 제대로 분석하여 내가 여기서 사용하는 뜻과 같은지를 다루지 않을 것이다. 이 문제를 해결하려면 한 구절만이 아니라 여러 구절들을 다루어야 한다. 게다가 '하나님의 동역자(God's fellow-worker)'라는 표현은 신인협동설이 제기된 이후 조직신학에서 자주 논의되어 온 주제이다(역자주 - 저자는 구원 문제에서는 신인협동설에 반대한다. 본문에서 말하는 '하나님의 동역자'라는 개념은 '구원 문제'에서의 신인협동설과는 전혀 관계가 없다).

리고 언제나 '예배(liturgy)'라고 불릴 수 있었다. 그것은 하나님의 왕국 안에서, 그 왕국을 위해 이루어지는 예배였다.

이 하나님의 왕국은 하나님께서 왕이 되시며, 거기에 소속된 신민(臣民)들이 우주의 두 영역으로 나누어진 하늘 왕국이다. 한 영역은 '위'의 영역이고, 다른 하나는 '아래'의 영역이다. 첫째 아담은 이런 두 영역을 가진 왕국 가운데 창조되어 그 왕국을 위하여 성취할 직무를 부여받은 자라고 할 수 있다. 그렇다면 둘째 아담으로서 그리스도 역시 이런 직무 개념의 틀 안에 있어야 하며, 또한 그분 자신이 인간으로서 그러한 왕국에 속하여 직무를 부여받으셔야만 할 것이다. 왜냐하면 그리스도는 둘째 아담으로서, 역사의 한가운데서 직무담지자로서 직무를 부여받은 첫 시점과 원리들로 돌아가셔야만 했기 때문이다. 그분은 하나님 앞에서 자신의 직무(본질적으로 모든 인생들에게 주어진 직무와 동일한 직무)를 성취해 가심으로써, 세상과 생명의 기본적인 질서로 되돌아가는 위대한 개혁을 담당하신다. 그 기본적인 질서란, 구체적인 삶 속에서 하나님을 섬기는 것, 어떤 상황에서도 하나님을 섬기는 것, 우리 안에 있는 모든 것으로 하나님이 보여 주신 뜻을 성취하는 것, 그리고 우리 주변에 있는 모든 것들과 유기적인 관계를 맺어 소통하면서 하나님의 뜻을 이루어 가는 것을 말한다. 여기에 문화의 문제와 그 정의가 원리적으로 진술되어 있다.

나중에 다시 이 문제로 돌아오기로 하고, 잠시 우리의 사고의 출발점을 먼저 살펴보고 나서 그 사이를 꿰고 있는 연결 고리를 정리해 보자. 그리하면 세계 역사의 한가운데서 자신의 직무를 수행하시는 그리스도를 보게 될 것이다. '역사의 한가운데(midst of history, 틸리히[Tillich] 등이 주장한다)'라는 개념이 성경에 합치되게 발전할 수 있다면, 바로 이런 방식을 통해서일 것이다. 이것은 소위 몰역사적인 '시작'이나 '종말'이라는 '경계 개념(border concept)'과 같은 수준으로 이해할 만한 범주가 아니다. 이것은 실재하는 시간의 연속선상에서 실제로 측정되고 나누어지는 시간의 결과로서의 역사이다. 당연히 역사의 시작은 존재했다. 그 시간 안에서 인간이 창조되고 타락했다. 또한 종말도 있을 것이다. 그때에는 모두가 "그 몸으로 행한 것을 따라(바로 이 땅에서 행한 대로)"(고후 5:10) 심판을 받을 것이다. 그러므로 '역사의 한가운데'란, 창조 직후 발생한 타락과 분리로 말미암아 분명하게 결정되어 버린 저주로부터 이런 목적을 성취하기 위해 그분이 오시기까지의 기간을 가리킨다.

14
그리스도께서 수행하시는 두 가지 직무

그리스도는, 인간이 원래 부여받은 하나님을 섬기는 목적을 성취할 수 있도록, 그리고 사람들이 하나님의 세계와 사역 공동체[11]를 그분께 돌려 드릴 수 있도록 하기 위하여 이 땅에 오셔서 두 가지 일을 하셨다.

1) 화해의 직무

그리스도는 이 땅에 오셔서 사람들을 하나님과 화해시키고, 하나님의 진노를 가라앉히신다. 그분은 하나님과 완벽하게 연합하심으로써(in perfect alliance) 이 일을 이루신다. 누가 '화해(*katallage*, 카탈라게)'의 주체가

---

11) 역자주 – 하나님과 '공동 사역자'로 일하게 되는 교회를 의미한다.

되는가?

"하나님께서 그리스도 안에 계시사 세상을 자기와 화목하게 하시며"(고후 5:19).

오직 하나님께서 '그리스도 안에서' 이 화해를 이루시는 유일한 주체가 되신다. 모든 죄에 대해 영원토록 타오르는 하나님의 진노는 동시에 영원토록 불타는 그분의 자비와 본질적으로 공존할 수 없다. 시간 안에서(이른바 역사의 한가운데서) 심판하실 뿐만 아니라 정의를 요구하는 하나님의 공의가 동시에 만족되어야만 한다. 심판하는 공의는 죄책이 있는 사람의 완전한 저주를 요구한다. 또한 정의를 요구하는 공의는 여전히 '몸으로'(곧 살아 있는 중에) 완전히 복종할 것을 요구한다. 그러므로 그리스도는 이 양면적인 공의에 관하여 보증인이 되시며, 그 보증인으로서의 서약을 합당하게 완수하신다. 그런 방식으로 그분은 역사 안에서 하나님의 공의와 사랑 모두에 의해 나타나고 요구되는 법정적인 판결을 가능하게 하신다. 그분의 피를 담보로 이제 하나님의 '새로운' 인류로 불리는 존재를 재창조하는 권리를 확보하신 것이다. 이 새로운 인류는 그분의 구속 받은 그리스도인 회중(His redeemed Christian congregation)이라고 불린다. 그들은 곧 그분을 통해, 그리고 그분과 더불어 유업을 받아 누리게 될 영생의 상속자들이다.

2) 심판의 직무
한편 그리스도와 그분의 모든 백성들을 위해, 영원한 멸망과 더불어 영생이 이 '문화 세상'에서 시작되었고 또한 시작될 것이다. 그러하기에 그리스도는 다음의 두 번째 일을 하셔야 한다. 바로 그분이 넘겨받으신 모든 생명과 죽음을 집행하시는 것이다. 그 생명과 죽음은 '역사의 한가운데서' 주어진 그분 자신이라는 법정적인 담보물로 말미암아 영원성을 가지게 된다. 그리하여 그분은, 그리스도의 법정적인 판결("이는 그들을 이렇게 정하신 것이라"[벧전 2:8])을 따라 역사를 살아가는 동안 그리스도에게서 떨어져 나간 자들에게 저주를 선고하심으로써 영원한 멸망을 집행하신다.

3) 두 가지 직무의 현실성: 투쟁

결과적으로 그리스도는 그의 성령('역사의 한가운데'를 '종말'로 적극적으로 이끌어 가시는 성령)을 통해 두 가지 일을 하신다. 한편으로, 그분은 문화 세상 속에서 이 땅의 포도들을 자라게 하여 그것들이 결국 하나님의 진노의 포도주 틀에서 으깨지게 하실 것이다. 다른 한편으로, 그분은 동일하신 성령을 통해 자신의 평화의 통치 기간인 '천 년'을 '완성'시킬 사람들 '안'에 임하여 하나님을 섬기고 그분의 일을 수행하도록 자신이 친히 사신 하나님의 사역 공동체를 무장시키실 것이다. 그리하여 그 모든 구성원들을 이끌어 그 완전한 영광의 도시로 들어가게 하실 것이다.

그것은 법정적인 투쟁이다. 그러하기에 그것은 권력을 차지하기 위한 투쟁이다.

그리스도께서 하나님과 사탄 앞에서 치르신 법정적 투쟁은 세계 역사의 한가운데서 이미 끝났으며, 그리스도는 그것을 다시금 확고한 기초 위에 두셨다.

그분은 새롭게 사신 하나님의 사역 공동체를 위한 전투에서 원리상으로 이미 영원토록 완전히 승리하셨다. 그리하여 '옛 세상'과 근본적으로 동일하면서도 전적으로 다른 새로운 인류가, 성령이 임하는 위대한 능력들과 거룩하게 하는 능력들, 교회를 얻는 능력들과 세계를 성숙시키는 능력들, 그리고 문화적으로 행동하는 능력들을 가지게 되었다.

그리스도께서 수행하시는 이 두 가지 직무는, 이 땅과 하늘에서 그분이 하나의 직무를 수행하신다는 것을 분명히 이해하게 한다. 또한 이것은 지금 우리가 논의하고 있는 주제와 관련하여 매우 중요한 의미를 가진다.

15
그리스도의 직무 완성의 결과

그리스도께서 소명을 받고 온전하게 준비되어 이 직무를 완수하실 때, 부패한 세상은 또 한 번 놀라운 기적을 경험하였다. 곧 온전하고 아름다우며 근본이 되시는 분, 또는 '이상적'인 사람이라고 할 수 있는 분의 나타나심을 보게 되었다. 그분이 겸손히 낮아지셨을 때는 이 온전하심과 순전하심이 감추어져 있었다. 언제나 율법에 신실하고 시의 적절하게 주어지는 하나님의 말씀에 반응하신 것은 순전하고도 죄 없는 인성에 어울리는 모습이었다. 그러나 그때 그분의 인성은 아직 보상을 받지 못한 상태였다. 그분의 인성은 그리스도께서 외적으로 영광을 받으실 때 보상을 받아 불멸성을 갖추게 되었다. 그분을 영화롭게 할 그 보상이 영화의 상태에 있는 그분에게 공식적으로 주어졌다. 그분께서 이제 예복을 갖춘 왕이 되신 것이다. 시편 110편 3절이 언제나 그분 안에서 성취된다.

"주의 권능의 날에 주의 백성이 거룩한 옷을 입고 즐거이 헌신하니 새벽 이슬 같은 주의 청년들이 주께 나오는도다."

많은 문화철학자들이 이 구절을 제대로 이해한다면, 즉시 이러한 수려한 단어들을 사용하려 할 것이다.

온전하신 분, 그분이 선물로서 주어지는가? 물론 그렇다. 첫째, 그리스도께서 온전하신 분으로서 우리 가운데 서 계신다. 그래서 그분은 "하나님의 왕국이 너희 가운데 있다"라고 말씀하실 수 있다. 흠 없으신 그분은 누구에게도, 단 한 순간도 등을 돌리지 않으신다. 둘째, 그리스도는 그분에게 주어진 성령의 전능한 능력으로, 원리적으로 다시 순전해진 한 인간, 곧 창조적인 중생의 열매로서의 한 인간을 창조하신다.

이것을 믿으면, 그 결과가 따라오기 마련이다.

문화적 성취란 인간에게 주어진 사명들 중 하나이며, 문화적 의미를 배제한 채 행동할 수 있는 사람은 아무도 없다. 그러므로 유일하게 죄 없는 분이신 그리스도, 오직 그분만이 전적으로 순전한 방식으로 문화적 삶을 이미 성취하셨고, 지금도 성취해 가고 계신다. 그분만이 타락 이후의 인생들 가운데서 유일하게 그렇게 하실 수 있는 분이다. 죄 없는 인간으로서 그리스도를 보고 가르치는 교회의 교리 안에 포함된, 그 풍성한 사상과 문화적 사상들을 과연 누가 이해할 수 있을까? 죄 없는 그리스도는 자신이 둘째 아담이라는 것을 증명하기 위해, 언제나 전적으로 성령께서 몰아가시는 모든 상황 속으로 들어가 말씀하고 행동하신다.

물론 문화적인 측면에서 볼 때, 그리스도께서 그렇게 반응하시는 세계는 첫째 아담에게 주어졌던 상황과는 전혀 다르다. 문화적으로 복잡한 상황 속에서, 완전하고도 순전하며 근본적인, 원래 주어졌던 규칙에 따라 반응하는 것보다 더 직접적인 문화 행위가 도대체 무엇이겠는가? 이 모든 일에서 그분은 단순히 '한(a)' 인간이실 뿐만 아니라, 인자(the Son of man)이시다. 즉, 그분은 문화적인 측면에서 볼 때, 현재 심연을 향해 달려가고 있는 이 세상을 비추는 한 줄기 밝은 빛이나 광선 너머의 존재이시다. 그분은 의의 태양이다. '태양'은 빛의 원천일 뿐만 아니라 에너지의 원천이다. 말씀의 보증자(중보자)로서 그분은 문화의 토대요 견고한 기초이며, 최초의 근거, 성취자, 구속자, 그리고 혁신가이시다. 따라서 그분은 오늘날 세상의 문화에 대립하는 하나의 문화적 지표이시다.

또한 메시아로서 그분은 '예수'라는 이름으로 나타나시기 전에도, 그리고 그 이후에도, 곧 모든 시대에 걸쳐 역사의 한가운데서 자신의 구속하는 능력으로 얻으시게 될, 혹은 이미 얻으신 그 의(right)로 말미암아, 어떤 사람들을 태초에 창조되었던 그 상태대로의 사람, 곧 하나님의 사람이 되게 하신다. '이 어그러지고 거스르는 세대' 가운데 '원리적으로 순전하게 된'[12] 유형의 인류를 두신다. 물론 그들은 완전하지 않다. 그러나 그들은 원리적으로 이제 다시 순전한 자가 되었다. 그들은 믿음 안에서 둘째 아담이 첫번째 복음의 약속의 말씀에 자신을 쳐서 복종시킨 그 순간부터 그곳에 있

---

12) 역자주 - 이 부분은 스킬더의 문화관을 이해하는 데 핵심적인 내용이다. 죄인 되었던 사람들이 그리스도를 믿게 되면, 그리스도의 의의 공로를 근거로 첫 아담이 순전했던 상태로 회복되지만 여전히 '남은 죄'들이 있다. 즉, 순전하게 회복되기는 해도 실제적으로 순전한 것은 아니기 때문에, '원리적으로 순전하게' 되었다고 하는 것이다. 이것은 개혁신학에서의 일반적인 칭의 교리와 일치한다.

었다. 그리고 그들은 계속 나타나 증가하며 '어느 누구도 셀 수 없을 만큼' 많아질 것이다. 그리스도 안에서 성령으로 말미암아 거룩함을 입은 수많은 무리가 되는 것이다. 그들의 수가 계속 늘어나고 있으며, 마지막 날까지 계속 그 수가 헤아려질 것이다.

이 일은, 그분과 더불어 기름 부음을 받고 그분의 직무를 집행하게 된 자(그리스도인)를 만드시는 신적인 행동이다. 이것은 곧 그리스도께서 하나님을 위해 이 세상을 정복하는 일이며, 성부와 성자와 성령으로부터 나오는 행동이다.

"땅과 거기에 충만한 것과 세계와 그 가운데에 사는 자들은 다 여호와의 것이로다"(시 24:1).

이 정복은 재정복이다. 소유물들이 영원 전에 예정되었던 대로 원래의 주인에게로 되돌아가며, 적절하게 그 소유권이 회복되는 것이다.[13] 그리스도는 세상의 처음과 마지막을 연결하고, 초기 역사와 마지막 역사를 연결하며, 처음의 일들과 종말의 일들, 알파와 오메가, 역사가 시작될 때에 주어진 하나님의 효력 있는 입법적 말씀의 기본(ABC)과 역사의 마지막 때에 나타날 효력 있는 복음의 말씀의 결과(XYZ)를 연결하신다.

역사가 시작될 때, 하나님은 타락하기 이전의 흠 없는 아담에게 언약

---

[13] 역자주 - 고재수(N. H. Gootjes)는 이 소유권을 회복하기 위해 그리스도와 함께 기름 부음을 받은 사람들을 새롭게 하신다고 하면서, 스킬더가 이것을 단순히 신약 교회에만 해당하는 것이 아니라 구약 교회에도 여전히 적용되는 것으로 주장했음을 환기시킨다(고재수, 『그리스도와 교회와 문화』[성약출판사: 서울, 2008], 163, 주 16). 본문의 바로 앞 문단의 첫부분에 나오는, "메시아로서 그분은 '예수'라는 이름으로 나타나시기 전에도, 그리고 그 이후에도"라는 내용을 음미해 보라. 고재수의 글에 대해서는 19장의 각주 1)을 참고하라.

(covenant)¹⁴⁾으로, 그리고 그 언약을 기초로 입법적인 말씀을 선포하셨다. 곧 하나님은 하나님과 인간의 상호 관계를 약속과 의무로 규정하고 질서를 세우셨다. 이 언약과 그에 따른 규정들이 처음부터 마지막까지 세상을 지배해야 했다. 그런데 첫째 아담에 의해 그 언약이 깨졌으며, 둘째 아담이 다시금 그 언약에 개입하여 그것을 회복하였다. 그리하여 이제 언약의 성취와 더불어 아직 오지 않은 종말에 그리스도의 평화(*pax Christi*)가 도래할 것이다. 그 외에 다른 평화는 결코 없을 것이다. 이로써 세상의 모든 것들이 절정에 이르게 된다. 세속적인 것이든 기독교적인 것이든, 여인의 후손이든 뱀의 후손이든, 천사들의 권능이든 마귀들의 짐승 같은 세력이든 모두가 말이다.

그리스도는 우리 앞에 가셨으며, 또한 우리를 데리고 하나님이 아담을 창조하셨던 그 창조의 첫 순간으로 되돌아가셨다. 그분은 그곳에서 태초에 자신의 사람(첫째 아담)에게 주신 율법의 돌판¹⁵⁾에 적혀 있는 행동 규칙을 읽으셨다. 그 규칙은 다음과 같다. 피조 세계의 역사를 통해 하나님께 지음 받은 모든 일꾼은, 하나님께서 창조의 아침에 그들 모두에게 나누어 주신 달란트를 찾고, 그것들을 활용하는 법을 배워야 한다. 곧 창조 때 주어진 모든 잠재력을 개발함으로써, '종(kind)'을 따라 발견되고 존귀히 여

---

14) 역자주 - covenant를 '언약(言約)'으로 번역할지 '약속(約束)'으로 번역할지에 대해서는 심사숙고해야 하지만, 일반적인 번역 관습을 따라 일단 '언약'으로 번역한다. 그런데 개인적으로는 '약속'이 더 옳다고 생각한다. 오히려 promise가 '언약' 정도로 번역될 수 있다고 본다. covenant에서 중요한 요소는 '언(言, words)'이 아니라 '속(束, binding)'이기 때문이다.

15) 역자주 - 모세의 돌판이 아니라 첫 아담에게 주어진 삶의 법칙을 말한다.

겨져야 할 '가능성들'을 실현시켜야만 한다. 주인이 아침에 종들에게 달란트를 나누어 주고 나면, 저녁에 그 모든 달란트를 그들에게서 거두어들일 것이다. 우주에 감추어진 모든 가능성들이 추적되고 발견되며, 계시된 법칙들을 따라 활용되고, 창조 때 세워진 피조물들 간의 질서에 따라 하나님의 모든 창조 세계를 고양시키는 데 사용되어야 한다. 인격적인 인간이 (하나님께 창조된 또 다른 직무담지자로서 인격적인 천사에게 섬김을 받고서) 이런 식으로 자신의 '직무(*munus*, office)'를 성취하게 되면, 벨직 신앙고백서(제12항)에서 표현하는 대로, 다른 비인격적인 피조물과 인간이(그리고 천사가) 자신의 '직분(*officium*, office or service)'을 성취하게 될 것이다. 달리 말하면, 이것을 만물의 '신정적인 배열(Theocratic arrangement)'이라 할 수 있다.[16]

그리스도는 하나님께서 태초에 문화적 존재인 인간의 마음속에 새겨 넣으셨던 바로 그것을 발견하였다. 그 당시 아름다운 동산에는 아름다운 문이라고 불리는 문이 없었다. 그 동산이 열려 있었기 때문이다. 그곳에서 그리스도께서 읽으신 것이 그분을 사로잡고 지배했다. 공관복음에 나오

---

16) 역자주 - 여기서 저자는 '*munus*'와 '*officium*'을 구분하는데, 영어로는 모두 office로 번역되기 때문에 그 차이를 발견하기가 힘들다. 벨직 신앙고백서 제12항은 다음과 같이 진술한다. "성부께서 말씀, 곧 그 아들을 통해 무에서 하늘과 땅과 모든 피조물을 창조하시고, 그분이 기뻐하시는 대로 각각의 피조물에게 존재(being), 형태(shape), 모양(form), 그리고 여러 가지 직무들(several offices)을 주어 창조주를 섬기도록 하셨으며, 또한 그분의 무한한 능력으로 영원한 섭리에 따라 피조물로 하여금 인류를 섬기게 하심으로써 결국 사람이 하나님을 섬길 수 있도록 하셨음을 믿는다." 여기서 벨직 신앙고백서는, 비인격적인 피조물들이 인격적인 사람들을 섬겨 사람들로 하여금 하나님을 섬길 수 있도록 하기 위하여 하나님께서 비인격적인 피조물들에게도 각각의 여러 가지 직무들(several offices)을 주셨다고 강조한다. 저자는 인간에게 주어진 직무를 '*munus*'로, 비인격적인 피조물에게 주어진 직무를 '*officium*'으로 구분하는데, 둘 사이에 큰 차이는 없다고 본다.

는 예를 들어서 이것을 설명하자면, 그리스도는 달란트 비유를 통해 인간이 가진 의무의 기본 원리를 다시금 가르치셨다. 왜냐하면 '개혁된'이라는 말은 사람들에게 기본 원리를 다시금 가르친다는 말이기 때문이다. 이것은 주님이 자신의 직무를 따라 십자가에서 고통당하고 부활하시기 직전에 주신 마지막 교훈이었다. 즉, 그분의 '천년왕국'이 출현하기 전에 베푸신 마지막 가르침이었다.[17] 그 기본 원리가 그분을 매우 강하게 사로잡고 있었기 때문에, 그분은 잡히시기 전날 밤에 마지막으로 교회를 위해 기도하면서 아버지께 이렇게 간구하셨다.

"내가 비옵는 것은 그들을 세상에서 데려가시기를 위함이 아니요 다만 악에 빠지지 않게 보전하시기를 위함이니이다"(요 17:15).

그분은 아버지께 그들이 지금 살아가고 있는 세상에서 그들을 지켜 달라고 간구하셨다. 자기 공로에 안주하는 수도원이나 세상을 향해 완전히 닫혀 있어서 세상의 번뇌를 피할 수 있는 안식처를 달라고 구하신 것이 아니라 이 세상에서 지켜 달라고 구하셨다.

---

17) 역자주 - 스킬더는 천년왕국에 관하여 무천년주의적인 개념을 따른다. 무천년주의는 천년왕국이 예수님의 초림부터 재림까지의 전체 기간을 포함한다고 이해한다.

16

문화의 정의

이 마지막 요점, 곧 세상 첫날에 주어진 그 기본 원리가 우리 논점의 전환점이다. 바로 이 순간, 문이 돌쩌귀 위에 놓여 있다. 중요한 순간인 것이다. 무언가를 고쳐야 한다면, 바로 여기에서만 고칠 수 있다. 여기에서 비로소 우리가 앞에서 말한 바 유일하면서도 임시적인 문화의 개념을 고려해 볼 수 있는 가능성에 도달하기 때문이다.

우리는 성경의 첫 장에서 '문화'라는 용어를 발견할 수 있다.

"에덴동산에 두어 그것을 경작하며 지키게 하시고"(창 2:15).

"생육하고 번성하여 땅에 충만하라"(창 1:28).

여기에 나오는 성경의 첫 사건들은 앞에서 언급한 '기본 원리'가 된다. 여기에는 '행위언약'이라는 말로 표현되는 세 가지 간단한 명령들(경작하며 지키라, 생육하고 번성하라, 충만하라)이 담겨 있다.[18] 이 과제들은 '아직 완성되지 않은,' 처녀지 같은 세상에 딱 맞는 것이었다. 당시 세상은 창조 계획에 따라 발전해 가고 있었으며, 마지막 목적(*teleiosis*)을 성취하기 위해 완전한 상태로 들어가는 중이었다. 그러므로 성경의 이 첫 장에는 언약의 규례들이 충만할 뿐만 아니라 직접적인 문화적 관심도 충만히 나타난다. 창조주께서 문화에 관심을 두셨다는 말이다.

'문화(culture)'라는 말은 라틴어 동사인 '콜레레(*colere*)'에서 왔다. '콜레레'라는 말은 '경작하다(cultivate), 보살피다(care)'라는 뜻을 가지고 있다. 이것은 농부가 자신의 논밭을 경작하는 일과 관련된다. 논밭은 곧 약속이다. 그리고 씨앗도 곧 약속이다. 한편, 농부는 '약속이 있는 명령'을 의미한다. 하나님의 피조물로서 그 농부는 논밭, 씨앗과 더불어 우주적인 연합 관계에 놓여 있다. 또한 자기 자신이 영원한 성령의 논밭이며, 동시에 씨앗이기도 하다. 인간은 그의 몸 전체와 '양심'과 의식을 모두 포함하여 하나님의 손이 만드신 피조물이다. 벨직 신앙고백서(제2항)에서 언급하는 "가장 수려한 책" 속에 있는 하나님의 수많은 피조물들에 인간도 포함된다. 그러나 하나님은 인간을 하나의 인격적인 피조물로 여러 다른 피조물들 가운데 두셨을 뿐만 아니라 그들 위에 세우셨다. 양심이 주어진 인간은 창조의 책에 나오는 등장인물일 뿐만 아니라, 그 책을 읽는 독자이기도 하다. 인간은 하나의 등장인물로서, 책 속에 나오는 자기 자신을 읽고 이해해야

---

18) 역자주 - 여기서 스킬더는 '행위언약'을 선악을 알게 하는 나무의 열매를 먹지 말라는 명령(창 2:17 참고)과 연결시키는 대신, 그 이전에 주어졌던 문화적 사명과 연결시키고 있다. '행위언약'의 개념이 '삶의 법칙으로서의 법'으로 인간의 마음에 새겨진 법과 뒤섞여 강조되고 있다.

한다. 물론 절대 다른 피조물들과 자신을 분리시켜서는 안 된다.

"나는 하나님과 영혼을 알기를 원한다(*Deum Scire cupio, et animam*)."[19]

이 유명한 경구는, 하나님을 통해 알려지는 이 '영혼'에 관한 한, 말하자면, 의식을 가지는 생명으로서의 양심이 하나님의 책들에 나오는 등장인물인 동시에 그것을 읽어 가는 독자임을 의미한다. 그래서 개인적이고도 영적인 존재로서의 인간, 하나님께 소명을 받은 일꾼으로서의 인간, 그리고 왕관을 쓴 대리 통치자로서의 인간은 모든 씨앗들을 발견하고 그것들을 뿌려 논밭 안에 있는 것을 취해야 한다. 그것이 바로 땅을 경작하는 것이다.

논밭의 주인으로서 이 과업을 이루기 위해, 또한 인격적인 존재인 동시에 이 논밭과 하나라는 것을 의식적으로 고백하기 위해, 그는 자기 자신을 논밭으로 삼아 자기를 계발해야만 한다. 여기에서 자기 계발은 한계에 직면할 수밖에 없다. 이것은 '개별주의(personalism)'라고 불릴 수 없다. '개별적인 한 인간'이 '신적' 존재로 여겨지거나 그 자신이 목적이 되고자 한다면(신적 존재가 되는 것과 근본적으로 동일함), 다시 말해 하나님의 책에 등장하는 한 인물이기를 원치 않은 채 독자이기만을 고집한다면, 그 순간 자기 계발이라는 우상의 제물이 되어 버릴 것이다. 그렇게 되면, 그 창조의 '책'에서 하나님의 이름을 읽어야 한다는 것을 잊어버리고, 그 책을 통해 알려지는 하나님께서 창조주요 만물을 새롭게 창조하시는 분으로서

---

[19] 역자주 - 여기서 스킬더는 'animam(영어 'soul')'을 인간의 정체성을 나타내는 단어로 본다.

모든 피조물들과 구별되는 초월적이며 무한한 존재라는 것을 잊어버리게 된다. 물론 자기 계발, 자기 발전, 곧 우리 안에 피조된 성향을 훈련하는 것은 선하며, 하나님의 명령에 포함된 것으로 긍정적인 측면을 가진다. 인간적인 것과 피조된 성향은 자기 안에서 직분을 발견하고, 피조물로서 자신의 직무를 보고 그것을 완수하게 한다. 그의 손이 세상의 밭에 씨를 뿌리고, 그 씨를 거둘 것이다. 인간은 매개체, 곧 하나님께서 그분의 동료 일꾼들에게 말씀하신 약속들, 즉 그의 피조물들 안에 두신 암묵적인 약속들을 믿고 신실하게 지킴으로써 피조물들을 각각 처한 상황 속에서 가장 적절하게 완성되어 가게 하는 매개체가 될 것이다. 이러한 자기 발전과 자기 계발을 통해, 인간은 점점 무거워지는 과제를 감당할 준비를 하게 된다. 그리하여 자기 하나님께서 활동하시는 논밭인 자신 안에서 하나님 역시 즐거워하시게끔 한다.

바로 이것이 세상을 창조하실 당시에 하나님의 지혜가 의도한 바이다. 하나님은 완전한 세계를 창조하고자 하지 않으셨다. 그저 보시기에 좋게 창조하셨을 뿐이다. 즉, 하나님께서 창조하셨을 당시의 세상은 약속이 담겨 있는 세상(a world-in-the-promise), 기대할 바가 있는 세상(a world-in-hope)이었다. 또한 그 세상이 그렇게 좋은 채로 있었더라면, 이 소망이 "게으르게 하는 것"이라고 불릴 수 없었을 것이다. 그리고 육체를 통해 타락하지 않았더라면, 창조 때 주어진 변하지 않는 '법칙들'이 (우리의 완전을 위해 사용되는 데) 아무 효과도 없거나 '무력하게 되지' 않았을 것이다. 그런데 죄가 등장하게 되었다. 물론 죄가 창조의 법칙들을 한쪽으로 치울 수 있다는 뜻이 아니다. 절대 그럴 수 없다. 그 법칙들이 지속되는 것은 저주뿐만 아니라 복을 위한 선결 조건이기도 하다. 복과 저주 모두가 이미 낙원에서 선포되었다. 다만 창조의 법칙은 거기에 복종할 때 복을 구체화하며 더욱 풍성하게 하는데, 타락 이후에는 저주에 관해서도 그와 동일하게 반응하게 된 것이다. 즉, 그 법칙들이 복에 대해 '무력하게' 되었을 뿐만 아니라, 저주를 무효화하는 데도 동일하게 '무력하게' 된 것이다. 그리하여 저주가 더 큰 저주가 되어 버렸다.

바로 이것이 하나님께서 그분의 '행위언약'을 인허하시는 가운데 말씀하신 바이다. 그렇게 하심으로써 그분은 모든 세상을, 특히 인간을 아주 팽팽한 '긴장' 가운데로 밀어 넣으셨다. 하나님의 (그리고 하나님 아래에 있는) 동역자로 불리는 인간을 위한 세상은 '오메가'(마지막 결과로서)의 세상이 아니라 '알파'(처음 막 시작하여 가능성이 있는)의 세상이었다. 낙원이라는 세상은 하나의 시작이었다. 태초에 거기에는 완전한 질서(*polis*), 도시(*civitas*), 곧 하나님의 '성'이라는 완성된 세계로 자라기 위한 잠재적인 원리들이 이미 모두 주어져 있었다. 낙원의 형태로 설계되었으며, 머지않아 그 설계를 따라 완성될 것이었다. 언젠가 그것이 완성되어 온전히 드러나려면, 여러 세기를 거치는 역사적 과정이 필요했다. 그리고 우리는 그 '중간 시기'에 있다. 이것은 비역사적인 원시적 '역사'와 종말론적 '역사'의 중간에 있다는 뜻이 아니다. '역사의 한가운데' 있는 것들로서의 역사적인 '처음'과 '끝'의 중간에 있다는 것이다. 그렇지 않다면 '중간'이라는 말 자체가 무의미하다. 분명히 말하거니와, 그 낙원이라는 실재는 소위 '더 높은' 실재 같은 것이 아니다. 아담도 그런 존재가 결코 아니다. 그것은 단지 처녀적인(virginal) 실재이다. 그것은 그 이후의 역사를 통해 구체적으로 표현되며, 있는 그대로로서, 실제적이고도 역사적인 시간 속에 포함되어 있다. 거기에는 살과 피가 있다. 혼과 영이 있는 것처럼, 그리고 성령이 있는 것처럼, 분명하고도 확실한 역사이다.

또한 하나님은 과장되지 않은 분명한 실재라는 이 역사적인 낙원 생활 안에서 창조를 기반으로 발전(evolution)의 역사를 시작하리라고 선언하셨다.[20] 창조된 생명의 본성에 따르면, 이러한 발전은 하나님에게서 흘러나오는 능력 없이는 일분일초도 이루어질 수 없다. 질서를 명하고 모든 것을 적절한 위치에 두시는 하나님의 명령에 따르면, 그 피조 세계에서 하나님의 동역자로 일하는 하나님의 사람이 없이는 그런 발전이 단 한 순간도 나타나서는 안 된다.

"우리는 하나님의 동역자들이요"(고전 3:9).

이것은 바울이 저 멀리 어딘가에 외롭게 떨어져 있는 교회를 위해 선포한 사후약방문식 추서(追敍, 죽은 뒤에 관등을 올리거나 훈장 따위를 주는 것)가 아니다. 결코 그런 것이 아니다. 이것은 '세상의 첫 번째 원리'로 엄중하게 되돌아가는 일이다. 이 본문은 바울이 목사로 위임 받은 이들뿐만 아니라 문화사역자들, 거리를 청소하는 이들이나 교수들, 부엌에서 일하

---

[20] 역자주 - 여기서 '발전(evolution)'이란 다윈(Darwin)의 진화론에서 주장하는 종의 격변을 의미하는 것이 아니다. 고재수도 이 점에 대해 주의를 환기시키면서, 다음과 같이 말한다. "창조는 하나님의 첫 창조만 포함하는 것이 아니라, 엿새 동안의 모든 창조의 일을 포함한다." "여기서 발전은 인간이 하나님의 세계에서 행하는 일들을 포함한다"(고재수, 『그리스도와 교회와 문화』, 165, 주 26).

는 사람이나 어느 월광곡을 작곡하는 사람들 모두에게 날마다 전하는 교훈이다.

따라서 풍성한 약속과 더불어 주어진 첫 번째 명령은 다음과 같다. "동산을 관리하라." 이것은 하늘로 솟아오른 성채를 약속하지 않는다. 소위 '더 높은 실재'를 암시하지도 않는다. "동산을 관리하라." 여기에는 문화적 도구가 되는 삽이나 고무장화도 전혀 주어지지 않는다. 단지 인간의 창조 정신이 시간과 공간을 활용하여 그것들을 고안해 내야 한다. 그래서 손으로 그것들을 관리하고, 발로 그것들을 적용하여 땅을 파고 으깨야 한다. 손과 정신이 함께 일해야 한다. 인간이 '관리해야' 한다.[21]

또한 "동산을 관리하라"라는 말에는 내향적인 도덕적 선포가 담겨 있지도 않다. 여기에는 단지 구체적인 일감과 삶에 대한 명령만이 주어져 있다. 그것은 고도로 영적인 것이며, 결론적으로 말하자면 날마다 일상적으로 이루어지는 일들을 위한 명령이다. 성경의 중간 시기를 위한 윤리는 파악될 수 있는 일종의 법률(*lex*)과 더불어서만 작용할 수 있다. 사람이 하나님의 명령(commandment)을 명확하게 이해할 수 없고 하나님의 말씀을 따라 일할 수 없다면, 그 명령이 가르치는 부르심의 취지를 성취할 수 없다. 왜냐하면 '낙원'이라고 부를 수 있는 동산을 자칫 우리가 완전히 잘못 이해하여 신비한 힘으로 구별되어 견고한 담장으로 둘러싸인 곳, 산들바

---

21) 역자주 - 고재수는 비스케르케(J. R. Wiskerke)가 스킬더의 견해를 과학 기술에 적용하여 발전시킨 것을 참고하면서, "과학 기술의 발명들은 인간이 계발해야 할 문화에 속한다. 세상은 인간의 문화 활동에 의해 변화할 것이다. 문화는 동산에서 도시로의 발전을 뜻할 것이다"라고 한다(고재수, 『그리스도와 교회와 문화』, 143).

람이 부는 낭만적이고도 시적인 곳으로 둔갑시킬 수도 있기 때문이다. 그런데 실제로는 전혀 그렇지 않다. 동산은 땅(*adama*), 곧 거주할 수 있는 세계의 시작점이다. 그러므로 바로 여기에서 문화적 세계가 시작된다. 동산의 문은 사방으로 활짝 열려 있다. 그래서 앞에서 우리는 아름답기는 하지만 "아름다운 문"이라 불리는 문이 전혀 없는 동산에 대해 언급했다. 세상에 존재하는 모든 것들이 바로 여기에서 시작된다. 문화생활 및 그 과정들을 통해 나온 모든 것들이 바로 여기에서 시작된다.

> (문화는) 하나님께 속하는 존재로서 모든 인류가 수행하는 노동의 총체를 획득하는 과정과 관련된 조직적인 노력이다. 인류에게는 다음과 같은 과제가 주어졌다. 인류는 창조 세계에 내재해 있는 잠재성들이 역사의 과정에서 자신들의 손에 잡히는 대로 그것들을 드러내야 하며, 그것들을 각각의 본성들의 법칙에 부합하는 방식으로 개발해야 한다. 마지막으로 그것들을 원근에 있는 모든 이들이 자유롭게 사용할 수 있도록 우주적인 관계에 부합하게 두어야 한다. 이 과제를 수행하되, 계시된 하나님의 진리의 기준에 복종해야 한다. 그렇게 얻은 보물들을, 예배하는 피조물인 인간에게 유용하도록 이끌어, 결과적으로 더욱 완전하게 준비된 인간과 더불어 그것들을 하나님의 발 앞으로 가져와야 한다. 이 과제의 목적은, 모든 영광을 영원토록 하나님께 돌리는 것이다.

내가 보기에, 이러한 정의에는 성경의 창조 기사에 담긴 근본적인 순간들이 묘사되어 있다. "동산을 관리하라." 이것은 구체적으로 '세계 안에 잠재되어 있는 모든 가능성들을 계발하라'[22]라는 문화적 사명이다. "충만하고 번성하라." 이는 문화적 사명, 곧 모든 연속적인 시간 속에서, 그리고 모든 지리적 공간 안에서 진행되는 문화 활동에 참여할 의무를 지는 인간의 활동을 점증시키라는 뜻이다. "땅을 정복하고 다스리라." 이는 하나님의 대리 통치자라는 자신의 위치를 잘 알고, 하나님의 창조 활동의 부산물로서 문화적인 인간이 되라는 뜻이다.

하나님의 형상으로 지음 받은 인간이라면, 문화적 작업에 자발적으로 임해야 한다(인간 안에는 그의 직무의 관점에서 인간 됨의 자질이 이미 창조되어 있다). 그것은 하나님의 최상의 권위를 대리하는 자로서 그분을 섬기는 일과 관련되며, 결과적으로 하나님을 찾고 미래를 발견하는 과정에 그분이 보이도록 하는 일이다. 하나님은 인간에게 말씀하시고, 인간을 통해 말씀하신다. 인간이 다른 모든 피조물들에 대한 하나님의 통치를 대리하는 존재로 선택되었기 때문이다. 하나님은 인간과 맺으신 언약의 교제 안에서 인간에게 말씀하시고, 인간을 통해 나머지 우주 전체에게 말씀하신다. 인간이 그 우주의 한 부분인데도 그렇게 하신다. 이 사실은, 인간에게 자신이 다른 피조물과는 다르다고 느끼는 인식이 있음을 시사하며, 자기

---

[22] 역자주 – 이 표현은 환경 문제와 관련해 매우 부정적인 뉘앙스를 풍길 수도 있다. 어떤 사람들은 이렇게 번역된 것을 구실로, 스킬더의 문화관이 환경 파괴를 조장한다고 비난한다. 그러나 고재수에 따르면, 이런 비난은 이 책의 원본인 화란어판을 참고할 때 참으로 터무니없다. 이것은 화란어로 "Uit de wereld halen wat erin zit(세계로부터 거기에 놓여 있는 것을 가져온다: 이길상 번역)"라고 표현된다. 이는 결코 환경 파괴를 조장하는 표현이 아니다(고재수, 『그리스도와 교회와 문화』, 168, 주 50 참고).

계발과 자기 발전이 그 자체로 목적은 아니지만 분명히 인간에게 주어진 사명과 의무임을 알려 준다.

또한 궁극적으로 인간에게는 도덕적 명령이 주어졌다. 인간은 그들에게 주어진 모든 것들과 더불어 자신의 창조주께 속한 문화적 노동을 수행해야 한다. 인간은 창조된 세계와 관련하여 이루어야 할 목표를 설정하되, 우주를 향한 하나님의 목적과 관련하여 계시하는 대로 하나님의 입술에서 나온 말씀에 복종해야 한다. 인간은 하나님의 섭리 아래 자신의 손으로 다듬어 온 우주 안에서, 그리고 그 우주와 더불어, 지금, 그리고 머지않아 하나님 앞에 무릎을 꿇도록 부름받았다. 자신의 관점에서 문화 활동을 통해 그리할 뿐만 아니라, 특히 하나님의 '안식(sabbath)'의 관점에서 그리해야 한다. 인간은 이 안식으로 들어가야 한다.

문화는, 죄로 오염되어 하나님을 대적하는 사고의 영향 아래에 모든 관계를 어그러뜨리는 이 세상에서 대개 '종교(religion)'와 분리되어 있거나, 적어도 날카롭게 대립하고 있다. 그러나 태초에는 그렇지 않았다(마 19:8 참고). 왜냐하면 종교는 삶의 국부적인 영역도 아니고, '마음'에 속한 것으로 분리되거나 그 '마음'을 위해 기능하는 것도 아니며, 아주 헌신적인 비밀 집회에 속한 사람들이 어느 시점에 고상하게 경험하게 되는, 현실과 동떨어진 체험 활동도 아니기 때문이다. 종교, 아니 오히려 하나님을 섬기는 일이라고 할 수 있는 이 일은 종교성(religiosity)과는 다르다.

낭만주의라는 이름으로 위장한 범신론주의 철학자 슐라이어마허는 『종교에 관하여』(On Religion)라는 책을 썼다. 그 책에서 그는 단지 종교성만을 다룬다. 그의 사고 속에 '하나님'과 '우주'가 뒤섞여 있는 한, 그 기저에는 (그의 범신론으로 인해) 결국 자기 숭배라는 종교성이 깔려 있을 수밖에 없다. 그는 목적을 지향하는 행동이라면 무엇이든 도덕주의(moralism)로 여기고 반드시 거부해야 했다. 그에게 '종교'란 '행함'의 문제도 아니고, '앎'의 문제도 아니었다.

우리가 보기에도 분명히 종교는 단지 '행함'의 문제만은 아니다. 그것은 '섬김(service)'이다. 그렇다고 해서 우주와 함께 진동하는 순전히 자연적인 입자, 곧 호문쿨루스(homunculus, 16,17세기의 의학 이론에서 정자 속에 있다고 여겨졌던 미세한 인체)라는 입자의 섬김을 말하는 것이 아니다. 그것은 자신의 아버지를 사랑하고, 그분을 세상의 통치자로 알며, 그분이 세상 속에 계심을 믿고, 또한 이 세상과 더불어 그분께로 되돌아가기를 원하는 인생의 섬김이다. 그 섬김을 통해 교회를 구원에 이르게 하는 '지식'이 공식화되고, 아버지의 뜻이 성취된다. '우주'로부터 모든 '법칙'을 끌어 내는 것이 아니라, 자기 아버지요 입법자이신 분의 입에서 나오는 교훈의 명령들에 의식적으로 귀 기울임으로써 그것을 공식화하고 그분의 뜻을 성취해 가는 것이다. 그러므로 낙원에서는 문화적 과업을 수행하는 것이 곧 하나님을 섬기는 일이었다. 그곳에서는 모두가 각자 모든 것을 경작하였다. 그리하여 자기가 밟고 있는 땅과 자기 영혼 깊은 곳의 마음, 모든 식물과 묵상 능력을 가진 영을 계발하였다. 그곳에서는 더럽혀지지 않은 자신의 손과 그의 영혼을 의(righteousness)로 깨끗이 씻었다. 이것과 저것은 서로 분리될 수 없었다.

이처럼 문화는 오직 하나님께서 지명하신 장소에서만 다시 시작될 수 있다. 바로 그곳이 우리가 돌아가야 할 본래의 상황과 질서가 있는 곳이다.[23]

---

23) 역자주 - 예수 그리스도께서 십자가에서 그 직무를 완성하심으로써 회복하신 그 자리와 상황을 말한다.

17

본래의 상태로부터 타락한 것의 의미

　나는 본래의 상태로 되돌아가야 한다고 했다. 여기에는 본래의 상태에서 떨어져 나왔다는(disruption) 고백이 이미 포함되어 있다. 이 떨어져 나옴은 죄의 결과이다. 죄로 인해 인간이 하나님에게서 떨어져 나온 것이다.
　그다음에는 해체(disintegration)가 있었다. 인간의 삶이 곤두박질쳤다. 그리고 세상에도 그런 일이 일어났다. 세상의 모든 영역이, 그리고 서로 관련된 부분들이 더 이상 협력하지 않게 되었다. 인간의 정신(mind)은 혼동되고 잘못되고 죄악으로 물들어 자기기만적으로 변했으며, 그 자체 안에서 원리적으로 이미 해체되어 버렸고, 실제적으로도 해체의 과정에 들어가게 되었다. 곧 실체에서 떨어져 나오고 찢어 나뉘며 분리된 것이다. 사람은, 일반적이고도 광범위하며 우주적인 관점에서 '부분들'을 '전체'와 적절하게 연결하고 모든 것을 하나님의 발 앞에 내려놓는 생각을 거부했다. '보편화하는' 관심을 버리고, '개별화하는' 관심을 붙잡았다. 그리하여 세부적인 것들에만 관심을 가지게 된 것이다. 사람은 그를 사로잡는 세부적인 것을 '전체'로부터 분리하였다. 그리하여 전체 안에서 하나님을 사랑할 수 없게 되었다. 그는 하나님의 율법을 통해 계시된 진리, 곧 자기 존재의 비극적인 실패로 확증되고 만 그 진리를 외면해 버렸다. '그가 죄악에 빠져 이제 더는 하나님의 위대한 전체 목적의 맥락에서 어떤 주제를 고려할 수 없게 되었으며 고려하지도 않게 되었다'는 그 진리에 귀를 닫아 버렸다. 그런 진리를 자기 힘으로 고안해 낼 수 있다고 생각하거나 고안하려고 시도하지는 않는다 하더라도, 그런 진리에 아예 귀 기울이려 하지 않는 것이다.

　　결국 종교와 문화가 분리되어 버렸다.[24] 가인의 첫 후손들은 '문화'를 선택하고 '종교'를 이와는 전혀 상관없는 것으로 여겼고, 셋의 후손들 중 후진(後陣)들은 이런 구분을 상당히 옳게 여겼다. 이것은 정말로 최악의 상황이었다. 왜냐하면 처음에는 그렇지 않았기 때문이다.

　　죄는 파괴를 더해 갔다. 해체의 과정은 멈출 수가 없기 때문이다. 전체에서 '부분들(parts)'과 '영역들(spheres),' '방면들(sectors),' '지역들(territories),' '공통 관심을 가진 집단들(groups with common interests)'로 끊고

---

24) 역자주 - 이렇게 종교와 문화를 분리시킨 것을 비판하는 것을 보면, 스킬더가 '문화'라는 개념에 '예배'를 포함시키고 있다고 오해하기가 쉽다. 이 점에 대해 고재수는, 스킬더가 문화와 종교 곧 문화와 예배를 동일시하지 않는다고 강조한다(고재수, 164, 165, 각주 25 참고).

나누고 추출하는 것은 그 자체로 죄의 결과일 뿐만 아니라, (그 결과 존재하게 된) 영역들, 지역들, 공동체들 안에서 해체하는 요소가 더욱 강하게 작용하여 역보편화 원리(de-catholicizing principle)의 효과를 증진시킨다. 하나님은 그분의 창조 세계에 두신 구분들을 결합시켜 하나의 '다중 형태'의 일치(a 'pluriform' unity)[25]를 이루게 하시는 반면, 사탄은 이런 구분들을 이용하여 사물들을 분리시킨다. 하나님은 각각의 인종들을 묶어 그들의 연합에서 인류의 '다중 형태성(pluriformity)'을 보여 주신다. 반면, 사탄은 이런 다중 형태성의 원리를 분열의 원리로 변질시키고, 인종 간의 투쟁을 강화시킨다.

서로 다른 계급들, 남녀, 서로 다른 성격들, 국가들 사이에서도 이런 일이 비일비재하다. 바울의 비유를 다시 빌리자면, '눈은 눈을 계발하고(cultivate), 귀는 귀를 계발하며, 손은 손을 계발하고, 발은 발을 계발하는' 특수화에 지나치게 열광하는 것이다. 그래서 개별적인 부분들이 서로를 필요로 하느냐 하는 질문에, 세계가, 예컨대 전후 공황 상태(a post-war mentality)라고 불리는 일종의 후유증(a hangover) 같은 순간을 위해서만 필요로 할 뿐이라고 답한다. 그 밖의 순간에는 서로를 불필요하게 여긴다는 것이다. 게다가 이런 순간에 이런 질문을 하는 것은 사실상 가지출(假支出) 결의(token vote)에 지나지 않는다. 개인의 성향을 지나치게 극단적인 것으로 바꾸고 있다. 하나의 (성격) '유형(type)'을 다른 유형과 반대되는

---

25) 이 용어의 철학적 배경을 공유하지 않으면서 이 용어를 사용한다는 것을 암시하고자 따옴표를 붙였다. 이 용어에는 여러 가지 의미가 있다.

것으로 간주하는 것이다. 본래는 서로를 보완하는 것이었는데 말이다. 차이점들을 모두 반정립(antitheses)으로 이해한다. 모든 인류가 노동 과정상의 총합을 획득하기 위해 행하는 체계적인 노력으로서의 문화는 이런 대립 가운데서 이미 형식상으로나마 스스로를 해체시키고 있다. 사람들의 행동이 오히려 체계를 공격하기 때문이다. 언어의 혼란은 일종의 형벌이지만, 도리어 그것을 좋은 것으로 제시한다. 이러한 형식상의 해체는 하나님으로부터 실제적으로 이탈한 데서 비롯되었다.

하나님의 언약의 말씀에 대한 믿음이 깨졌다. 또한 그에 따라 인간의 직무에 대한 개념이 내팽개쳐졌다. 진지함(earnestness)이 유희(play)에 밀려 결국 유희 문화(play-culture)를 낳게 되었다. 스포츠 기사가 차고 넘친 나머지, 운동 경기에서 이긴 팀에 대한 기사는 대문짝만 하게 나가는데, 교회 소식은 너무나 적게 다루어지며, 영적 투쟁을 위한 대의는 전혀 언급되지 않는다. 심지어 '기독교' 신문도 마찬가지이다.

만물의 회복(regeneration)[26] 안에서 각 부분들이 전체 가운데 가장 알맞은 위치에 있게 되는 것을 바라보는 소망이 깨졌다. 세계는 날이 갈수록 더욱 신경증적으로 변하고 있으며, '문화'는 점점 포대를 파는 일(a casemate business)[27]이 되어 가고 있다. 인간은 각자 소속되어 있는 조직의 명

---

26) 역자주 - 여기서 regeneration을 '중생'이 아니라 '회복'이라고 번역한 것은, 마태복음 18장 18절의 용례를 따른 것이다. '중생'이라는 용어는, 중생의 씨앗이 심기는 것, 그 심긴 씨앗이 표현되는 것, 그리고 만물의 회복이라는 세 가지 의미를 지닌다. 그러므로 문맥에 따라 어떤 의미가 사용되는지를 잘 분별해야 한다.

27) 역자주 - 포대는 전투할 때 적군의 탄환이나 화살을 막기 위한 보호 시설들 중 하나이다.

령에 따라 저마다 자신의 포대 속으로 기어 들어간다.

오직 하나님께만 속하는 그분의 완전하신 영광 가운데서 그분께 나타내야 할 사랑이, 창조주에게서 떨어져 나온 피조물을 향한 도취로 변질되고 말았다. 일치가 없어졌으며, 그것을 추구하지도 않는다. 하나님 안에서만 일치를 발견할 수 있기 때문이다. 이제는 하나님을 원수로 여기게 되었다.

원래 낙원에서 주어진 '생명의 법칙인 하나님의 명령'을 더는 따르지 않는다. 이러한 상황에 대해 사람들은 이와 같이 변명한다(지금껏 그렇게 변명하고 있다면). "음, 우리는 지금 사막 한가운데 있는 거야. 그래서 낙원에서 주어진 명령은 지금 우리와는 아무런 상관이 없어." 그러나 이런 논리는 변명하는 사람의 위선만을 드러낼 뿐이다. 생명의 법이 멸시받고 있다. 그 법을 통해, 그리고 그 법 안에서 생명을 주시는 하나님을 부인하기 때문이다.

인간의 입장에서 보자면, 하나님으로부터 분리된 인간에게는 그분의 도덕법으로 결정되는 문화적 양상이 더는 없다. 그러나 또한 하나님께서 자신을 위해 자신이 창조한 세계를 우주의 자연적 맥락 안에 유지시키시는 한, 인간은 이처럼 질서 정연한 하나님의 배치와 인간 자신의 문화적 성취 안에 자신이 종속되어 있음을 느낄 것이다. 비록 하나님의 도덕 법칙이 더 이상 인간의 문화 양식을 결정하지 않는다 하더라도, 자연 법칙은 계속하여 그 안에서 활동하는 문화의 생산자를 강한 유대로 결속시킨다. 그런데 이런 자연 법칙의 강한 유대들(bonds)은 하나님의 사랑의 줄(cords)과는 다르다. 하나님의 자연 법칙들은 하나님의 친구뿐만 아니라 원수들까지도 껴안는다. 그러나 이 원수들은 하나님의 도덕 법칙에 대항해 싸우면서, 자연 법칙이나 그러한 기능들을 자신들이 할 수 있는 대로 이용해 보려고 한다. 할 수 있는 대로 자기의 비도덕적인 문화 가운데 사탄의 관점에서 적절하다고 여겨질 법한 양상을 확보하고 싶어한다. 이런 식으로 사탄은, 하나님이 원래 의도하신 창조의 근본적인 구조를 파괴할 수는 없더라도, 여전히 하나님께서 창조하신 세계를 도덕적으로 오염시키려고 온 힘을 다해 애쓴다. '사탄주의'의 '문화적 양상'은 이미 역사 가운데 어느 정도 드러난다.

18
'일반은총'이란 가능한가?

지금까지의 논의가 함축하는 바 문화라는 것이 있고 또한 인간이 문화적 행위를 한다는 이 단순한 사실을 흔히 말하는 '일반은총(common grace)'으로 연결할 수는 없다.

'일반은총'이 성경적이라는 주장은 거듭 제기되어 왔다. 그렇게 주장하는 이들은 경험과 성경을 통해 인도받고자 노력하면서 다음과 같이 추론한다. 죄와 죄책이 매우 엄중하므로, 우리 인간들은 타락 이후 곧장 지옥으로 떨어져야 마땅했다. 이렇게 모든 진보로부터 끊어져 지옥으로 떨어지는 것이 우리에게 합당했다. 그러나 우리는 타락 이후 수천 년 동안 이어져 왔으며, 지금까지 우주에 잠재되어 있는 가능성들이 개발되는 것을 목도해 왔다. 이것이야말로 '은혜(grace)'가 아닌가? 이미 대답이 암시되어 있듯이, 이는 물론 은혜이다. 그것을 받을 자격이 없는 우리에게 허락하시는 하나님의 선하심이다. 그런데 이 은혜는 우리를 구속하여 영원한 구원에 이르게 하는 은혜가 아니다. 따라서 그것은 '일반(common)'이라고 불린다. 그래도 그것은 '은총(grace)'이라 할 수 있다. 그것은 우리에게 죄를 제한하는 유익을 베풀어 준다. 만약 죄가 제한되지 않는다면, 사탄적인 사악함이 즉시 가장 극렬하게 쏟아 부어질 것이다. 하나님은 그분의 성령의 '일반적인' 활동을 통해, 나아가 성령의 일반적인 '증거(testimony)'를 통해 이런 사악함을 막으신다. 그 성령의 증거로 말미암아 일련의 주된 진리들을 즉시 확신하게 된다. 이런 확신은 스스로가 인지하기 전에 주어지는 것이다. 이런 식으로 사막과 같은 이 세상에 계속해서 자기를 갱신하는 '일반은총'이라는 이슬이 내리고 있다. 이 이슬 덕분에 인생은 그래도 견딜 만해질 뿐 아니라, (그 일반은총에 특수하게 연관된 진보적인[progressive] 작용 덕분에) 사막 한가운데 문화적 오아시스를 만들어 내게 된다.

그러나 이런 일련의 사고에는 여러 가지 논리의 왜곡이 있다. 따라서 '일반은총'이라는 용어를 사용하는 것이 적절한지 의문을 던지게 된다.[28]

죄가 '제한되고 있다'는 것과 저주가 세상에 완전하게 쏟아 부어지지 않았다는 것은 분명 사실이다. 그러나 그리스도 예수 안에서 그리스도의 영

---

[28] 역자주 - '스킬더의 그리스도의 문화'(*Schilder on Christ and Culture*, 이길상 역)라는 글에서, 고재수는 문화에 관한 카이퍼와 스킬더의 견해의 차이점을 네 가지로 정리한다. ① 카이퍼는 예수 그리스도를 문화의 구주로 보는 반면, 스킬더는 인간의 구주로 본다. ② 카이퍼는 죄가 들어온 세상에서 출발하는 반면, 스킬더는 죄가 들어오기 전의 세상에서 출발한다. ③ 카이퍼는 기독교 문화라는 것이 있을 수도 없고 있어서도 안 된다고 주장하는 반면, 스킬더는 불신자들의 활동과는 구별되는 그리스도인 문화가 있어야 한다고 주장한다. ④ 카이퍼는 문화를 '일반은총'의 결과로 설명하는 반면, 스킬더는 그 은혜를 명령으로 대체한다(고재수, 『그리스도와 교회와 문화』, 130-169 참고).

의 능력으로 다시금 하나님의 값없는 은혜의 선물로 허락된 복종에 대해서도 똑같이 말할 수 있다. 그 저주가 제한되는 것이 '은총'이라면, 적어도 이렇게 복이 '제한되는 것(restraining)'은 '심판(judgment)'이라고 할 수 있다. 그런데 이러한 용어들('은총'과 '심판')은 과학적인 근거에서 비롯된 것이 아니다. 구체적인 현실에 대한 비과학적인 묘사에 불과할 뿐, 최상의 것일 수는 없다. '일반은총'이라는 말을 선호하여 사용하는 현재의 상황에서 이렇게 '일반심판'이라는 말을 간단히 사용해 보는 것은 '일반은총'이라는 용어를 선호하는 상황에 대해 일종의 교정책이 된다.

'막는 것(withholding, 살후 2:6),' 곧 제한이라는 것은 분명히 있다. 그런데 이 제한은 특히 시간과 관련이 있다. 언제나 완전소유의 상태(*possessio tota simul*, 언제나 충만할 정도로 완전하게 생명을 소유한 상태)이거나, 언제나 완전박탈의 상태(*privation tota simul*, 완전히 박탈되어 한 순간도 생명을 소유하고 있지 못하는 상태)인 경우에는 아무것도 제한되지 않을 것이다.[29] 곧 제한이 없는 곳에는 어디든 한시적인 존재도 없다. 그곳에는 '영원함'만이 있다. 한편 낙원에도 '제한'이 있었다. 만약 하나님의 성령이 아담에게 '제한 없이' 주어졌더라면, 아담은 죄로 떨어질 수 없었을 것이다. '발

---

29) 여기에는 영원한 하나님에 대한 보에티우스(Boethius)의 유명한 정의가 암시되어 있다. 이 정의에 따르면, 하나님은 완전하시고, 완전하게 동시에 소유하신다(*tota simul possessio*), 곧 제한이 없으신 생명을 소유하고 계신다. 이것은 오직 하나님에게만 가능하다. "*Tota simul*"은 "동시에 또한 완전하게"라는 뜻의 라틴어이다(*perfectum praesens*). 인간은 피조물이기에 그 생명이 언제나 제한되어 있다. 그는 완전한 의미의 생명을 한시적으로라도 '소유하고' 있지 않다. 현재 그가 소유하고 있는 것은 항시완전(*tota simul*)이 아니다. (제한적인 존재의 성격상) 그는 영원 속에서만 생명을 (나름대로) '완전하게' 소유하게 될 것이고, 또한 (나름대로) 항시완전이 될 것이다. 그 생명 '안에' 더 이상 성장은 없을 것이다.

전'(또는 '부패')은 특별히 시간과 관련된 특징이다. 발전과 부패는 시간에 속한 것이다. 발전된 상태와 부패된 상태가 모두 충분하게 완전해진 것은 영원에 속한다.

결론적으로 창조의 선물들이 발전한다는 것은, 창조가 은혜가 아니라 자연(nature)임을 보여 준다.[30] '그들 안에,' 곧 사물들과 사람들 안에는 고무적인 움직임이 있다. 사람 안에 무언가가 꿈틀거리고 있는 것이다. 인간에게는 자신이 '발전하고 있으므로' 역시 '발전하고 있는' 지구로부터 옥수수와 포도 등을 재배하고자 하는 강렬한 욕구가 있다. 이는 곧 '경작하려는(colere)' 욕구, 동산을 개발하려는(cultivate) 욕구이다. 타락 이전에는 그것이 언약의 하나님을 향한 사랑에서 비롯된 종교적 활동으로 나타났다. 그러나 타락 이후에는 이기심과 자기 보존과 생의 욕구라는 행위가 되어 버렸다. 하나님을 섬기는 것이 아니라 자기 자신을 섬기는 것이다.

자연을, 인간(과 다른 피조물들)에게 사용되거나 사용되지 않기 위해 '죽어 있는 자산'으로 이해하는 사람들이 있다. 그들은 다음과 같이 결론짓는다. 인간의 세계는 영원한 죽음을 당하기에 합당한데, 이 영원한 죽음을 통해 모든 대상들이 자산으로 활용될 가능성을 박탈당한다. 그러나 인간은 자연을 사용할 수 있다. 즉, 죽어 있는 자산을 활용해 이익을 남길 수 있다. 그러므로 이것이야말로 '은총'이다.

---

30) 역자주 - 이 말은 발전이 창조의 본성이라는 뜻이다. 즉, 창조 세계(피조 세계)의 본성은 완성된 것이 아니라 항상 변화(발전이든 부패이든)의 가능성을 가지고 있다는 말이다. 그런데 이 구절에서는 죄로 타락하기 이전의 상태를 기술하므로 '발전'만을 언급한다.

바로 이것이 '일반은총'을 주장하는 사람들의 추론이다.

그러나 이 모든 추론은 '자연'이 한시적인 성격을 가지고 있는 한, 전적으로 잘못되었다. 시간이 존재하는 한, 움직이는 것(mobility), 임신과 출산, 태어남과 수태가 자연에 속한 것이다. '죽어 있는' 자산이라는 용어는 여기에 사용하기에는 지나치게 유희적이다. 죽어 있다는 것은 '시간 속의 자연(nature-in-time)'과 관련된 말이 아니기 때문이다. 결국 '죽어 있는 자산'이라는 말은, 지금 우리가 다루고 있는 문제를 왜곡하여 '일반은총'이라는 용어가 마땅히 사용될 수 있다고 결론짓기 위해 내세우는 조잡한 표현에 불과하다.

그렇다면 우리는 근본적으로 '시간'을 어떻게 이해하느냐 하는 문제를 고려해 보아야 할 것이다.

타락 이후에 시간이 연장된 것을 '은혜'로 보는 것은 잘못이다. 그런 잘못된 생각의 맥락에서, 타락 이후 곧바로 '지옥 불'에 떨어지기에 합당한 자들이 바로 '우리'라고 주장하면서 죄의 심각성을 언급한다. 그런데 그런 일이 일어나지 않게 되었고, 그러하기에 이것이 은총이라는 것이다. 그러나 이런 논점은 '지옥 불에 떨어진다는 것'이 하나의 비유(fable)[31]라는 사실을 놓치고 있다. 만약 타락한 인간(아담과 하와)이 타락 직후에 '지옥 불'

---

31) 역자주 - 일반적으로 영어 'fable'은 역사적 사실이 아닌 우화, 전설, 민담 등을 표현할 때 사용하는 말이다. 그러나 저자는 '불'이나 '지옥'의 '지(地)' 곧 '땅'이 모두 일종의 비유와 상징으로 이해되어야 한다는 견해를 가지고 있다. 물론 그는 지옥의 실재, 곧 하나님과의 관계가 단절되고 영원한 형벌이 주어지는 제한적인 공간과 장소의 실재를 단호하게 믿고 있다. 이를 감안할 때, 이 용어를 '비유'의 뜻으로 보는 것이 옳다고 보아 이렇게 번역했다.

에 떨어졌다면, '우리'는 지옥 불에 떨어지지 않을 것이다. 그리하여 두 사람만이 저주를 받고, 그 이상 어느 누구도, 어떤 인류도, 방금 언급한 가상적인 심판의 대상이 되지 않았을 것이다.[32]

결론적으로, 타락 이후에도 여전히 시간이 연장되고 있다는 사실에는 엄청난 비밀이 명확하게 계시되어 있다. 이러한 연장이 결코 은혜가 아니라는 것이다. 이 점을 논증하는 것은 아주 간단하다. 하나님께서 영원토록 처벌하실 사람들을 작정하셨다고 가정한다면, 이렇게 질문해 볼 수 있다. 그렇다면 일단 그 사람들이 태어나서 계속 대를 이어 가야 하지 않겠는가? 그러하기에 하나님은 언젠가 분명히 임할 진노의 시간에 그 대상들을 지옥에 던져 넣으시고자 시간을 연장하셔야만 했을 것이다. 뿐만 아니다. 이 시간 안에서 결혼이 약정되어야만 했을 것이고, 남녀의 성적 교합이 있어야만 했을 것이다. 그러므로, 예컨대 경제적인 조화가 반드시 필요했을 것이며, 문화가 필요했을 것이다. 즉, 문화란 하나님이 이끄시는 모든 역사의 전제로서, 지옥과 관련해서도 마찬가지인 것이다.

우리가 단순히 지옥이 있다는 사실보다 더 많은 것을 알고 있다는 사실로 말미암아 하나님께 찬양을 드리자. 천국도 하나님의 활동 안에 계획되어 있다. 하나님께서 그 천국으로 부르기로 작정하신 만큼의 사람들이 태어나기 위해서라도 시간은 연장되어야 한다. 또한 자녀를 낳는 것이 필수

---

[32] 역자주 - 저자는 결코 지옥의 심판을 가상적인 것으로 보지 않는다. 여기서 그 심판을 '가상적(hypothetical)'이라고 한 것은 일반은총을 주장하는 사람들의 논리가 가진 허점을 지적하기 위함이다. 그들이 주장하는 지옥 심판의 논리가 허구임을 드러낸다는 점에 유의하여 이 부분을 읽어야 한다.

적이며, 결과적으로 기후적인 평형은 물론 경제적 평형 가운데서 노동하는 것도 필요하다. 따라서 시간적인 연장과 우주의 문화적 발전을 (일반) 은총이라고 부르는 것은 심각한 오류이다.

이러한 연장과 발전은 결코 은총이 아니다. 그것들은 저주도, 죄의 선고도 아니다. 이러한 용어들을 진지하게 사용하고자 한다면, 이렇게 말할 수 있을 것이다.

그것들은 '영생과 영멸을 위한 불가결한 조건(*conditio sine qua non*),' 즉 영생과 영멸의 토대이다.

피조 세계를 발전시키려는 욕구가 자연적인 것이라면, 어떠한 태가 열리고 어머니 되는 지구의 태가 열리는 것도 자연적인 것이라면, 문화도 자연적인 것이다. 문화란 두 개의 극단, 곧 영생에 이르도록 예정된(predestinated) 수만큼의 사람들을 확보하는 것과 영멸에 이르도록 작정된(foreordained) 수만큼의 사람들을 축출하는 일이 발생하는 토대이다.

은총(은혜)이라는 것은 이러한 문화(*colere*)에 내재하는 것이 아니다. 은혜는 먹고 마시는 일이나 숨 쉬고 자녀를 낳는 일들에 내재되어 있지 않다. 은혜가 있다면, 그것은 단지 하나님을 두려워하며 행하는 경작(*colere*) 속에 있다. 하나님을 두려워하는 마음으로 먹고 마시며 자녀를 낳는 일 말이다. 죽어 있는 사람으로서가 아니라 살아 있는 사람으로서 하나님을 두려워하면서 행하는 모든 것이 여기에 속한다.

한편 저주도 이런 문화에 있는 것이 아니다. 먹고 마시며 숨 쉬고 자녀를 낳는 일에 저주가 있는 것이 아니다. 저주가 있다면, 그것은 단지 경건하지 못한 경작, 불경건하게 먹고 마시며 자녀를 낳는 데 있다. 살아 있는 사람으로서가 아니라 죽어 있는 자로서 하나님을 두려워하지 않는 모든 일에 저주가 있다.

타락 이후 시간의 틀 안에서 반정립은 자연 속에 불가피하게 있는 것이 아니라, 자연을 어떻게 사용하느냐 하는 것, 곧 문화 안에 불가피하게 존재한다. 신앙으로 문화 활동을 하느냐 아니면 불신앙으로 문화 활동을 하느냐 하는 양자 사이에 반정립이 있다.

물론 문화 속에 '공통의(common)' 은총이 있다. 한 사람 이상의 사람들에게 공통적으로 주어지는 은혜 말이다. 그러나 모든 사람을 위한 보편적인(또는 일반적인) 은총은 없다. 그러므로 일반은총에 대한 아브라함 카이퍼의 주장은 잘못되었다. 또한 문화적 삶에는 '공통의' 저주가 있다. 한 사람 이상의 사람들에게 공통적으로 임하는 저주 말이다. 그렇지만 보편적인(또는 일반적인) 저주는 없다.

'공통'이라는 말이 때로는 보편적이라는 말과 동일하게 사용되기도 한다. 그러나 반드시 그런 것은 아님을 알아야 한다. 모든 사람에게 공통적일 수도 있지만, 어떤 경우에는 한 사람 이상에게는 공통적인 반면 모든 사람에게는 공통적이지 않기도 하다.

여기서 나는 '공통'이라는 말과 관련하여, 여러 사람들에게 공유되더라도 모든 사람에게 공유되지는 않는다는 의미의 '공통' 은총이 있을 수 있다는 것을 강조하고자 한다.

보편적이지는 않지만 공통적인 은총이 문화 안에 있다. 그것은 하나님께 속한 모든 자들이 공유하는 그리스도의 구속 사역이 그들의 문화적 성취에 영향을 끼치는 은총이다. 그러나 이런 경우에도 그들을 제외한 다른 모든 사람들은 공통의 저주 아래 놓여 있다. 그 저주는 사도행전 17장 31절에 나오는 "정하신 사람"에게 주어져 그들에게 심판을 선언할 수 있게 한다.[33]

---

[33] 이 부분의 설명에 대해서는, 저자의 『일반은총이란 학문적으로 가능한가?』(*Is de term 'algemeene genade' wetenschappelijk verantwoord?*, Kampen: Ph. Zalsman, 1947)를 참고하라.

19
그리스도로 말미암아 회복된 문화적 사명

타락 직후에 하나님의 아들이 행동을 취하셨다. 아직은 예수로서가 아니라 메시아(그리스도)로서 그렇게 하셨다. 그분은 아직 육신을 입지 않았지만 앞으로 성육신하게 될 로고스(the *Logos asarkos incarnandus*)로서, 그리고 말씀으로서 하나님께만 알려지셨다. 그분은 이 세상에 은혜의 사역과 섬김을 시작하기 위해, 그리고 구원과 멸망을 선포하는 근거가 바로 그분 자신의 행하심에 있다는 것을 나타내기 위해 행동하셨다.

한편 선택과 유기의 근거는 오직 하나님의 호의이므로, 구원의 근거는 선택 및 유기의 근거와는 다르다. 구원의 근거는 그리스도의 공로가 되어야 한다. 그리고 멸망을 선포하는 근거는 인간의 죄책이 될 텐데, 타락한 이후에는 그리스도의 공로가 있느냐 없느냐에 따라 결정된다. 즉, 인간의 죄책이란 바로 그리스도를 거부하는 것이다. 그래서 그리스도가 구원자-

구속자(the Saviour-Redeemer)로서, 그리고 구원자-복수자(the Saviour-Avenger)로서 행동하시는 것이다. 이 두 역할을 하기 위해서는 구속을 위한 그분의 복음 사역이 반드시 필요하다. 이 복음 사역이 조금도 간과되어서는 안 된다.

그리스도는 이러한 정신으로, 그리고 구원자-구속자 되심과 구원자-복수자 되심이라는 두 가지 의도를 가지고, 하나님의 눈앞에서 직접 세상의 짐을 짊어지심으로써 문화를 포함한 모든 세상의 구속주가 되셨다. 또한 모든 문화 활동에 의미(이제부터 그리스도 중심으로 결정되는)를 부여하셨다. 그리스도 중심으로 결정되는 의미는 보편적이고도 일반적이다. 반면, 이에 관한 은혜는 보편적이지 않고 공통적이다. 이것은 구원에 이르는 유일무이한 은혜이며, 구속하고 재창조하는 은혜이다. 왜냐하면 이제 그리스도께서 하나님의 영원 전 협약에서 '작정된' 바 세상이 창조주이신 하나님께로 되돌아오는 것을 보증하시기 때문이다.

따라서 역사 전체가 그분 자신을 위해 첫 번째 인간의 범죄 행위와 마지막 저주 사이에 '삽입되었다.' 거듭 말하건대, '그분 자신을 위해' 말이다. 이는 그분의 구속 사역만을 위함(또는 선택자들만을 위함)이라는 뜻이 아니다. 그분의 두 가지 역할, 곧 구원자-구속자, 그리고 구원자-심판자(the Saviour-Judge)로서의 역할을 위함이라는 뜻으로 이해해야 한다. 그분은 그리스도를 반대하는 일이든 찬성하는 일이든 모든 일이 그리스도를 중심으로 결정되도록 하기 위해 역사에 여지를 만드신다. 물론 '삽입하다'라는 동사는 그저 비유적으로 사용된 용어일 뿐이다. 역사가 '삽입되는' 것처럼 보일 뿐, 사실상 역사는 영원 전부터 결정된 것이었다. 하나님은 그리스도께서 주관하시는 모든 구속 사역을 위해, 그리고 그분의 나타나심, 곧 예수님으로 나타나 이 땅에서 죽으시고 죽음으로부터 다시 일어나 하나님의 성령의 능력으로 육신과 피 묻은 손으로 역사의 수레바퀴의 방향을 바꿔 놓으시는 일을 위해, 역사 가운데 여지를 남겨 두신다.

그리스도는, 비록 타락했을지라도 하나님의 뜻으로 창조되어 그 길을 따라 운행되는 이 세상의 역사 속에서, 세계의 모든 짐을 짊어지고 이 세상의 모든 즐거움을 하나님 아버지께로 돌리는 분이시다. 그리스도로 말미암아 하나님께서 모든 것 중에 모든 것이 되신다.

고린도전서 15장의 마지막 절들은, 하나님께서 세상에서 일어나는 모든 일들이 그리스도에게로 향하게 하신다고 증언한다. 하나님은 모든 문화들이 그리스도에게로 향하게 하신다. 그리스도께서 시간의 충만을 결정하신다. 대홍수 이전 고대국가들과 이집트, 페르시아, 로마, 그리스, 바벨론 등의 문명들의 때를 그분이 결정하신다. 이사야와 다니엘처럼 그리스도의 오심을 보고 알린 선지자들은 문화철학자들의 참된 교사들이다. 그분 때문에, 그리고 그분에 의해 모든 과정이 이 시간의 '충만(*pleroma*)'으로 인도된다. 그러므로 모든 문화는, 문화적인 것으로 보이는 한 구유와 문화와는 전혀 상관없는 것처럼 보이는 한 십자가를 위한, 그리고 아리마대 요셉의 동산 어딘가에 있는 이내 깎일 하나의 돌무덤을 위한 여지를 만들기 위해 섬겨야 한다. 부활의 아침에 이 인자의 몸은 이 무덤으로부터 온전하고도 건강하며 흠 없는 상태로 다시 일어나고, 성령 안에서 하나님의 세계로 돌아가신다. 이 그리스도 예수께서 세계를 원래 계획되었던 위치로 되돌려 놓으신다. 그분께서 온전한(중생한) 사람들을 그들에게 적합한 자리에 두시며, 생명을 치유하신다. 한 영혼이 그리스도를 그분의 공동체의 신비한(감추어져 있는[34]) 머리로서 인식한다면 말이다.

이로써 각각의 관계들이, 원리상 본래 의도되었던 윤리적 상태로 돌아가게 되었다(지금까지 살펴본 대로, 원래의 규범들은 피조된 생명을 위한 자연스러운 규정들이다). 오직 성령만이 하나님의 말씀을 통해 윤리적 규범을 선포하신다. 살과 피를 가진 육체적 존재는 어떠한 윤리적 규범도 선포하지 않는다. 심지어 살과 피를 가진 육체적 존재 자체가 통치하고 촉진시키며 종말론적으로 공헌하는 것에 관해서도 아무런 윤리적 규범을 선포하지 않는다.

그래서 세계가 하나님을 우주의 주인으로 인식하지 못하는 불모의 매우 분열적인 사이비 문화로 차고 넘칠 때에도, 소아시아의 조그만 마을에서 단순한 장식품을 생산하는 소수의 공예가들은 가능한 한 자주 그들의 마음에 하나님을 모신 채 의무적으로 무두질을 하고, 가죽 천막을 만들고, 또는 장식품들을 만들었다. 그들은 그리스도의 복음 가운데서 날마다 노동함으로써 하나님을 섬기는 법을 배운 것이다. 정확히 말하자면, 이들은 문화를 위해 로마제국의 황제가 그 궁전들, 무희들, 시인들, 귀족들, 대도

---

[34] '신비한(mystic)'은 형용사이다. 그런데 명사로서 '신비주의(mysticism)'가 하나님에 대한 (소위) 직접적인(immediate) 지식에 대한 교리와 그 방법을 지칭하는 경우, 그런 신비주의에는 반대해야 할 것이다. 성경은 이런 신비주의를 절대 용납하지 않는다.

시들을 통해 생산해 낸 것보다 더 많은 것을 생산해 냈다. 마찬가지로 문화적 삶을 위해, 어느 날 로마로 호송되어 온 죄수의 무리 가운데 있었을 바울이야말로 문화로 찌든 로마의 그 어떤 것보다도 중요한 의미를 가지고 있었다. 자기 자신을 "만삭되지 못하여 난 자"(고전 15:8)라고 칭한 바울은, 로마 문화를 좌지우지하는 탁월한 모든 사람들에 대항하는 급격한 변화를 상징했다.

어떤 이는 물론 이것이 사실이라면서, 이후에 바울이 그의 후계자들을 통해 문화를 창조했다고 말한다. 그러나 그렇지 않다! 천사들은, 바울이 바로 그 순간, 바로 그때 문화를 창조했다고 증언한다. 건전한 사람, 곧 하나님의 사람이 쇠퇴하고도 부패한 로마에 들어섰다. 그는 천막을 만드는 사람이었고, 철학자였으며, 신학자요 선교사였다. 그는 로마 황제를 마주하여 쳐다볼 용기를 가진 사람이었고, 로마 황제가 자기 눈을 마주 바라보지 못할지라도 그렇게 했을 것이다. 그는 함께 죄수 된 사람들에게 위대한 빛을 보여 주고, 로마의 셋집을 철학의 전당으로 만들었다. 라틴어로 쓰인 어느 시에서는 이렇게 읊는다.

거리에서 나 이상한 행렬을 만났네
술 취한 노파가 술 취한 늙은이를 끌고 가네.[35]

---

35) "Occurri nuper, visa est mihi digna relatu
pompa: senem potum pota trahebat anus."

다소 조잡한 번역을 용서해 주기를 바란다. 그러나 이 시는 여기에 적합하다. 이 짧은 애가는 사도 바울이 문화에 취해 있는 로마라는 도시로 들어가던 시절, 로마의 모습을 사실적으로 그릴 뿐만 아니라, 문화와 역사의 전형을 솔직하게 묘사한다. 마치 어떤 로마 황제가 로마의 빈곤 때문에 자기의 '영혼'을 너무나 불쌍하게 여긴 나머지, 그 영혼을 향해, "평안히 잠들라"라고 읊었던 어느 시처럼 말이다. 그렇다. 술 취함은 당시 로마에서 너무나 흔히 볼 수 있는 전형적인 모습이었다. 인간관계가 철저하게 뒤집혀 있었다. 여자가 남자를 이끄는 모습을 보고, 흰머리가 더는 고상한 면류관으로 여겨지지 않는 모습을 보고 시인은 껄껄 웃고 있다. 여기에서 우리는 전 세계의 전락(轉落)을 보게 된다. 바로 그때 사도 바울이 사슬에 매인 채 그 도시에 들어섰다. 종이 주인보다 더 크지 못하기 때문이다(요 15:20 참고). 이 사울은 육체의 가시를 지녔으며, "만삭되지 못하여 난 자"로서 교회에 들어왔고, 부자도 아니며 고상하지도 않고, 그저 약하기만 한 자들 중 하나였다(고전 1장 참고). 그러나 바로 이 바울이라는 사람이 자신에게 주어진 은혜를 힘입어 건전함의 본보기가 되고, 건전한 문화의 전형이 되었다.

같은 방식으로, 묵시록 곧 계시의 책 서두에 나오는 일곱 편지들도 거기서 말하는 은혜로 말미암아 문화의 기념비들이 된다. 마치 산상수훈이 계시 역사에서뿐만 아니라 문화 역사에서도 기념비가 되는 것과 같다. 산상수훈이 예수님께서 지상에서 우리에게 가르치신 바라면, 이 일곱 편지는 그분이 하늘에서 우리에게 가르치시는 바이다. 부엌에서, 사무실에서, 예배당에서, 공장에서, 학교에서, 그리고 예술 작품을 만드는 작업실에서, 우리가 하는 모든 활동들의 출발점과 목적과 방향이 모두 하나님에 의해 결정된다는 것을 가르쳐 주시는 것이다. 우리가 그분의 "예"와 "아니오"를 온 힘을 다해 성취해 가야 한다는 것, 그리고 하나님 앞에 '서서 섬기는' 한 명의 제사장으로서 역사의 처음과 끝 사이의 팽팽한 긴장감 가운데서 일해야 한다는 것을 깨닫도록 다시금 가르쳐 주시는 것이다.

산상수훈 및 계시록의 일곱 편지에서는 세상이 완전히 거꾸로 되어 있다. 단 하나의 하나님의 사람을 위할 뿐일지라도, 그가 누울 요람을 준비하고 일터를 만들기 위해 그렇게 되는 것이 마땅했다. 여기서 그리스도는 생활을 분열시키는 모든 사람들을 책망하시면서, 자기 백성들의 삶에 나타나는 분열을 극복해 내신다. 그분은 각각의 단과대학들(faculties)을 근본적으로 연결하여 하나의 완전한 '종합대학(university)'으로 완성하신다.[36] 그분은 다시금 '종교'를 '문화'와 연결하면서, 문화 활동을 하나님을 섬기는 하나의 구체적인 행위로 만드신다. 핵심적으로 말하자면, 하나님께로부터 말미암지 않은 것은 무엇이든지 '긍정적인 문화 행위'라는 이름과 명예를 가질 수 없다고 하신다. 엄밀히 말해, 믿음으로 행하지 않는 모든 것이 죄이기 때문이다.

앞에서 살펴보았듯이, 문화적 욕구는 그 자체로 '자연적(natural)'인 은

---

36) 역자주 - '종합대학(university)'이라는 말은 univers(우주)라는 말에서 유래하고, uni(유일한)와 ver-sity(다양함)의 합성어로서, 다양성 속의 조화라는 종교개혁과 문예부흥의 '보편적' 이상이 담겨 있다고 할 수 있다. 그것이 깨지고 있는 현실에 대한 저자의 탄식이 이런 표현에 내포되어 있다.

사들, 곧 '창조의 은사들' 중 하나이다. 그러므로 우리는 동물계 안에서도 콜레레(문화나 경작 행위)가 있다고 할 수 있다. 동물계 안에서 어떤 조직적인 진보가 이루어지지 않는다고 어느 누가 장담할 수 있겠는가? 벌이나 개미들이 자기가 살 집을 만들고 꿀을 채집하고 보존하는 일들에 어떤 '진보'가 이루어지지 않는다고 어느 누가 장담할 수 있겠는가? 그러나 이러한 창조의 은사들을 목적을 가지고 사용하는 것, 즉 목적과 종말론적 의식을 가지고서 하나님께서 주신 명령에 부합하는 긍정적인 문화 행위를 하는 것은, 그리스도의 영으로 말미암아 회복된 순종으로만 가능하다. 죄가 나타나는 곳마다 그러하듯이, 문화적 삶에서도 죄가 나타나므로 그러한 문화적 사고 안에서는 한결같이 도덕적일 수가 없다. 또한 긍정적인 방식으로 문화를 세울 수도 없고, 창조할 수도 없다. 왜냐하면 콜레레가 '세우는' 것인 반면, 죄는 부수는 것이기 때문이다. 계시라는 하나님의 원어 사전에서 '문화'는 언제나 건설적인 것이고, 죄는 파괴적인 것이다. 이 점에 대해서는 뒤에서 좀 더 살펴보겠다.

바울이 사슬에 매여 로마로 들어올 당시와 그 이후의 세상은 다르지 않다. 그리스도의 영에 이끌려 성경 곧 하나님의 말씀으로 돌아가는 모든 개혁들은, 동시에 문화를 치료하는 것이었다. 대머리 수사 마틴 루터(Martin Luther)가 마침내 결혼하여 다시금 건강하게 웃을 수 있게 되었을 때, 그는 문화를 치료하고 방향을 제시하는 자로서 금화 백 더컷(ducats, 과거 유럽에서 널리 사용된 금화)의 가치를 가지게 되었다. 반면, 전체 교황 제도나 황제 계열의 사람들은 문화적인 관점에서 보더라도 금화 한 더컷의 가치도 없었다. 루터파와 로마 가톨릭이 지배하는 지역들을 비교해 보면 그런 사실이 분명히 드러난다.

그러나 루터는 기초 원리, 즉 자연과 은총의 관계에 관한 근본적인 원리를 설정하는 데 몇 가지 실수를 하였는데, 이를 극복한 사람이 존 칼빈이다. 그리하여 훗날 칼빈주의 국가들은 정립적(thetically)으로 보든 반정립적(antithetically)으로 보든 문화적으로 더 위대한 발전을 이루었다. 루터파 국가들에는 아돌프 히틀러(Adolf Hitler)에게서 야기된 문화적 혼동이 남아 있었는데, '정통파' 루터교 신자들이 지지할 만한 것이었다. 그러나 칼빈주의 진영은 그런 혼동에 강력하게 저항했다. 이런 저항은 직접적으로 붙들 수 있는 가치관들과 손에 만져질 듯 유용한 가치관들을 평가절하하지 않았다. 이런 가치관은 다른 '가치관들'(미국우월주의, 공산주의 대 나치즘, 진정한 민주주의 대 미신적인 대중 정서)에 대항한다. 그러나 이러한 저항은 계시록의 태고적이고도 종말론적인 역사의 모든 과정을 계속 염두에 두고 있으며, 결과적으로 그 문화 활동들을 칼빈주의적 개혁(the Calvinistic Reformation)의 근본 원리들과 연결시킨다.

제네바(Geneva)와 스트라스부르(Strasbourg)에서 존 칼빈은, 우리가 하나님을 섬기는 일을 통해 문화적 삶 가운데 구체적으로 무엇을 이룰 수 있는지를 보여 준다. 그는 하나의 그리스도인 문화를 창출했다. 이 문화는 여전히 로마의 상상력을 불모의 것으로 만드는 세속주의적이고도 제국주의적인 열망에 사로잡힌 자들로부터 벗어난 것이었다. 이 로마 교회의 사람들도 마틴 루터처럼 '자연'과 '은총'을 잘못 구별한 채 속고 있었기 때문이다.

이러한 점을 고려할 때, 요한계시록이 로마제국을 가리켜 적그리스도를 나타내는 전형적인 표현인 '창녀(harlot)'[37]로 부른다는 점을 인상적으로 생각해 보아야 한다. 이것은 문화적 평가와 조사를 위해 의미심장하고도 적실한 일이다. '창녀'는 적그리스도의 전형적인 이름이다. 그러므로 성경이 로마제국을 창녀라고 할 때, 그것을 올바르게 주석해야 한다.

마틴 루터는 '창녀 이성(die Hure Vernunft)'에 대해 언급하면서 철학계에 딱딱한 호두를 까 보라고 던져 놓았다. 그런데 과연 루터가 올바로 주석했는지를 살펴보아야 한다. 그는 '이성(理性)'을 정죄하지 않았다(아무나 여성이라는 이유로 창녀라고 비난받는 것이 아닌 것과 같다). 단지 하나님으로부터 떨어져 나온 교만하고도 죄악에 가득 찬 이성을 정죄할 뿐이었다(마치 창녀가 하나님께서 여성스러움을 위해 신적으로 규정하신 것들에 대항하여 그 여성 됨을 남용하여 비난받는 것과 같다). '창녀'라는 단어를 잘못 해석하여 '여성 됨'과 '여성 됨의 남용'을 구분하지 못한다면, 마틴 루터가 하나님께서 주신 놀라운 선물인 이성을 무시하는 사람이었다는 식으로 주장하여 그를 쓰레기 더미 위에 던져 버리는 잘못을 저지를 수 있다.

이와 마찬가지로, 요한계시록의 '창녀'라는 단어를 잘못 해석한다면, 로마의 교회는 로마제국이 어떤 점에서 창녀였는지를 더 이상 알지 못하는 셈이다. 단순히 기독교인을 핍박했다는 점에서 로마제국이 창녀였는가?

---

[37] 역자주 - 한글 개역개정 성경의 요한계시록에서는 이를 '음부'라고 번역하지만, 여기서는 좀 더 강한 인상을 주기 위하여 '창녀'라고 번역한다.

결코 아니다. 그것은 그저 창녀 됨의 결과였다. 로마제국이 창녀였던 까닭은, 그들이 창조된 은사들을 하나님을 위해 사용하기를 거부했기 때문이다. 자신의 신실한 사역 공동체의 신랑이 되고자 하신 하나님을 위해 사용하지 않은 것이다. 그런데 이를 잘못 해석하면, 전 세계의 교회로 하여금 궁극적으로 로마제국의 음란함에 매력을 느끼게 만든다. 그리하여 교회가 '국가'를 자처하며, 그런 국가를 문화적 '권력'이 이상화된 것으로 여기고, 그렇게 국가의 모습을 흉내 내면서 선지자적인 문화의 '증거'를 훼손하는 데까지 이르게 된다. 자연과 은총(그리고 자연과 죄)의 관계에 대한 '예언(prophecy)'을 하나님의 말씀에 충실하게 전하는 것이야말로, 교회가 막대한 희생을 치르고 문화적으로 확장하여 얻는 놀라운 '피로스의 승리(Pyrrhic victory)'[38]보다 더 큰 문화적 힘이라는 사실을 망각하고 마는 것이다.

존 칼빈은, 이러한 로마의 '피로스의 승리'가 아니라 회복을 이야기했다. 정확히 말해, 그는 교회와 국가의 관계를 분리되는 것이 아니라 구별되는 것으로 보고서, 기독교적이고도 개신교적이며 개혁주의적인 문화를 구축하고자 하였다. 또한 그는, 문화적 문제라고 할 수 있는 당시의 질서를 끌어 안고서 하나님의 부르심에 응답했다. 그는 구약성경에서 '목자들'에게 단지 영혼을 보살피는 것 이상의 직무가 주어졌음을 다시금 확인했

---

[38] 역자주 - 기원전 279년에 에피루스(Epirus, 현대의 그리스와 알바니아 사이에 있는 동남 유럽 지역)의 왕 피로스(Pyrrhus, BC 318-272)가 큰 희생을 치르고 로마 군에게 승리한 사건에서 유래한 단어이다. 막대한 희생을 치르고 얻은 승리를 의미한다.

다. 즉, 목자들은 문화적 보살핌을 위해서도 부름을 받았다. 그래서 하나님의 부르심에 대한 불타는 사랑을 다시금 가르치고, 세상의 모든 구석에 이르기까지 은혜와, 더 나아가 문화라는 그 값진 용어를 이해할 수 있게끔 해야 했다.

"만물이 다 너희 것임이라……너희는 그리스도의 것이요 그리스도는 하나님의 것이니라"(고전 3:21,23).

바로 이것이 이 세상에 강력하게 남을 법칙이다.

필요할 때마다 잡초를 뽑아 주고 원칙들을 순수하게 보전하는 교회 잡지야말로 화려한 그 어떤 무대보다도 문화와 관련하여 더 풍성한 의미를 지닌다. 어느 개혁 주간지에서 어느 목사는, 때로는 하나의 연극이 일곱 개의 성경 공부 개요안보다 더 많은 의미를 전달한다고 주장했다. 그런데 이와 반대로, 자연-은총-죄를 개혁주의적으로 잘 구분한 성경 공부 개요안 하나가, 잘 만들어진 연극 일곱 개보다 더 가치 있다. 이는 하나님의 말씀의 능력이 표상(image)의 능력보다 더 강하며, 교리가 표지(sign)보다 더 힘 있는 것과 같다. 그리스도인으로서의 양상을 분명히 가진 기독교 가정은, 그 어떤 복잡한 환경에 놓인다 하더라도, 할리우드 영화가 아무리 추구해도 나타낼 수 없는 건전한 능력을 문화 가운데 보여 주는 또 하나의 계시가 될 것이다. 비키 바움(Vicky Baum)의 저서 『비밀 없는 인생』(*Leben ohne Geheimnis*)에는 그런 모습(특히 문화적인 관점에서 볼 때 가엾은)이 잘 묘사되어 있다. 자신이 기독교인임을 담대히 선언하는 어느 그리스도인 노동자는, 비역사적이고 이익 중심의 미국화된 이 세상에서 참된 건전함을 표상한다. 그 사람이야말로, 하나님을 모르는 과학 기술 대학보다 더 강한 잠재력을 가지고 있다.

이와 같이 그리스도는 세상 마지막 날까지 자기 백성들 가운데서 지속적으로 역사하신다. 이 세상은 그리스도의 부활의 권세가 작용함에 따라 그 과정을 완성해 나가야 한다. 그분은 성도의 교제를 통하여 이루어지는 나라(republic) 가운데 창조적인 기적을 행하시면서, 가장 광범위한 의미로서의 문화적 삶을 위한 새로운 세력들을 전면에 끊임없이 부상시키신다. 칼빈주의적 양식을 따라 새로운 피조물로 인식되는 모든 중생(regeneration) 사건은, 문화적 삶으로 들어오는 그리스도의 초월적이고도 자비로우신 개입이다.[39] 개인의 삶에서, 또는 그 결과인 공동체 안에서 그분의 능력과 계시된 말씀에 부합하게 살고자 노력하고 실행했을 때와 마찬가지로, 그분은 새로운 샘의 근원을 자주 열어 제치시고, 머지않아 그 일을 이루실 것이다.

그러므로 요한계시록은 미래의 안식 가운데 순수한 문화적 도시를 그리고 있다. 새 예루살렘, 곧 주민들을 진정으로 만족시키는 양식을 가진 완전한 도시를 그리는 것이다. 오해해서는 안 된다. 이 새로운 문화도시는 갱신에 의해 존재하게 되고 투쟁 단계를 지나 숭고해지지만, 그렇다고 점진적으로 생성되는 것은 아니다.

창조 때에 두드러졌던 '대격변'이 마지막 때에도 틀림없이 나타날 것이

---

[39] 역자주 - 고재수는 이런 구절을 참고하면서, "스킬더의 확신은 그리스도께서 문화적 삶을 위해서도 자비의 일을 하고 계시는 것이다"라고 한다(고재수, 『그리스도와 교회와 문화』, 141).

다.⁴⁰⁾ 이런 대격변이 일어나는 장소가 '하늘 위'일지, '땅 아래'일지, '땅 아래 물 속'일지는 모른다. 그러나 다음과 같은 사실을 잊지 말아야 한다. 그 일이 일어나는 때에, 이런 문화도시를 건설하거나 회복시키는 데 필요한 모든 영적인 잠재력들과 물질적인 잠재력들이 이미 충분할 정도로 존재한다는 것이다. 그리고 그분의 명령에 따라, 그분의 섭리에 의해 인류 안에 있는 그분의 공동체에 유용하게 사용될 소재가 지속적으로 맞춰지고 그것이 '논리적(logical)'으로 알맞게 다듬어진다는 것이다. 여기서 '논리적'이란, 육신이 되시고 하나님을 우리에게 선언하는 로고스가 되신 그분을 통해 그 일이 이루어진다는 의미이다.⁴¹⁾

이 대격변 자체는 혼돈을 야기하지 않을 것이다. 어떤 씨앗도 파괴되거나 짓밟히지 않을 것이다. 오히려 그것은 이 우주에서 문화를 파괴하는 모든 요소나 문화적 해체를 '야기하는 것'을 없애고 순전하게 할 것이다. 하나님께서 여실 새 하늘은 옛 창조가 완전히 사라지고 새로운 창조 행위로 획득된 것으로서, 옛 창조에 속한 것들을 뒤덮거나 감싸는 식의 첨가적인 선물이 아닐 것이다. 이 새 예루살렘은 인간의 이전 거주지를 뒤덮겠지만, 그렇다고 원형 지붕처럼 옛 것을 덮어 버리지는 않을 것이다. 하나님이 이 새로운 거주지에서 끊임없이 이어 가실 경이로운 이야기는, 기계적으로 첨가되거나 우리의 세계 역사에 뒤따르는 일종의 부록처럼 완전히 새로운 장으로서 덧붙여지는 것이 아니다. 오히려 그것은 하나님께 허락받아

---

40) 저자의 『천국은 무엇인가?』(*Wat is de Hemel?*, Kampen:J. H. Kok, 1935)를 참고하라.
41) 역자주 - '로고스'라는 말은 '논리, 이성, 말씀'을 뜻하며, 이런 뜻들은 서로 연관성을 가진다.

그리스도 안에서 모든 잠재력들이 아무런 방해 없이 발전하는 순수하고도 거리낌 없는 복음의 보고(report)가 될 것이다. 곧 그리스도에 의해 새로워진(중생한) 인류인 하나님의 종들의 공동체에게 주어져 이미 그 안에서 발전되어 온 잠재력 말이다.

4부

불필요한 오해들

20
세 가지 오해들

여기서 앞에서 다룬 문제들 중 한 측면을 간략하게나마 살펴보고자 한다. 엄밀하게 보면, 오직 하나님의 뜻에 따라 건설하고 일하는 것만을 긍정적인 문화 활동으로 인정할 수 있다고 말했다.

그런데 많은 사람들이 이 진술이 너무 강하다고 느낀다.

분명히 추가적인 설명이 필요하다. 우리는 이미 문화(콜레레) 행위가 모든 사람에게 자연적인 것임을 언급했다. 일하고 활동하고자 하는 내적인 욕구의 결과로서, 끊임없이 변화하는 이 세상의 일터 안에 있는 피조물로 연루된 자신들의 존재를 따라 우주의 계발과 발전에 참여하는 한 말이다.

그러나 반드시 피해야 할 오해가 있다.

1) 지선(至善)과 지악(至惡)을 제어하심

하나님은 타락 이후의 세상을 두 부류로 나누지 않으셨다. 그런데도 어떤 사람들은, 한 부류는 하나님의 명령에 따라 문화적 섬김을 수행할 것이고, 또 다른 부류는 단지 폐허와 풍자의 사막이나 혼돈 가운데 빠져 있을 것이라고 생각한다. 이런 생각은 그 자체만으로도 어리석다. 이런 생각은 명백한 사실과 충돌할 뿐만 아니라, 문화 활동에 관한 모든 전제들을 사소하게 만들어 버린다.[1]

하나님의 영이 이끄시지 않는다면 사람들 사이에 참된 코이노니아는 있을 수 없다. 코이노니아는 공동의 나눔(communion)을 의미한다. 다양한 사람들이 같은 성향이나 동일한 관심사를 가지고 있다고 해서 코이노니아가 이루어지는 것은 아니다. 그것 자체만으로 공동체가 형성된다면, 어디든지 언약 공동체가 있을 것이다. 그렇게 되면 지옥이라는 것이 있을 수 없다. 공동의 나눔이 공통의 성향이나 관심에 따라 이루어지는 것이라고 주장하는 사람들은, 그런 동일한 성향과 관심이 다툼이 일어나는 데도 필수적 요소가 된다는 사실을 간과하고 있다. 성향과 관심이 같지 않다면 싸움이 아예 일어나지 않을 것이다. 참된 공동의 나눔은 그런 것과는 다르다. 그것은 같은 성향이 동일한 기본 원리들을 사랑함으로써 동일한 목표를 향해 나아갈 때, 그리고 동일한 관심이 공통의 믿음과 소망과 사랑 안

---

[1] 역자주 - 스킬더의 이런 견해는, 영적인 측면에서 구원받은 자(거듭난 자)와 구원받지 못한 자(거듭나지 못한 자)를 구분하는 데 반대하는 것이 아니다. 단지 문화 활동의 측면에서, 불신자가 참된 문화 활동을 할 수 없다 하더라도 참된 신자들이 참된 문화 활동을 하는 데 기여할 수 있다는 뜻이다. 이런 면에서 아브라함 카이퍼의 '영적 반정립'이라는 개념을 비판한다.

에서 증진될 때 비로소 이루어질 수 있다. 따라서 문화적 코이노니아는, 기본적으로 믿음의 교제의 문제이다. 문화적 삶에서 발견되는 반정립에 관한 이전의 언급들이 여기에도 적용된다.

그러나 코이노니아는 인류의 한 부분만을 결합하지만, 수누시아(*sunousia*), 곧 '함께하는 존재 됨(a being-together)'이라는 것은 모든 인간들 사이에 있다.

하나님은 모든 인간에게 '함께하는 존재 됨'을 부여하셨다. 알곡과 가라지는 마지막까지 서로 나뉘지 않는다. 언젠가는 이 '함께하는 존재 됨'조차도 인간에게서 제거될 것이다. 즉, 그들은 분리될 것이다. 그러나 아직 만물이 그 지점까지 도달하지 않았다. 모든 사람에게 '함께하는 존재 됨'을 통해 문화적 행위에 참여하라는 명령이 주어졌다. 이것은 하나님께서 원래적이고도 영구한 특성을 지닌 명령을 폐하지 않으셨기 때문에 주어진 일반적(general)[2] 사명이다. 마치 문화적 행위에 대한 욕구가 자연적인 것과 같다.

게다가 알맞게 맞춰 가야 할 소재(물질)들로 우리에게 주어진 것은, 바로 우리가 살아가는 이 세상이다(우리가 거주하지 않는 세상이라 하더라도 우리가 경작해야 할 지역의 일부가 될지 누가 아는가?). 그러하기에 한 사람의 문화적 활동은 다른 사람의 문화적 활동 없이는 불가능하다. 코이노니

---

[2] 역자주 - 저자는 18장에서 은총을 설명할 때, 공통(common) 은총이라는 개념은 인정하되 일반(general 또는 universal) 은총은 인정하지 않았다. 그런데도 여기에서 일반적(general) 사명이라는 개념을 허용한다. 이에 주의하라.

아는 그리스도에 의해 우리에게 주어지는 것이고, 수누시아는 창조주 하나님에게서 오는 것이다.

오직 하나의 자연(nature)이 있지만, 그 자연을 활용하는 것은 양면적이다. 하나의 소재가 있지만, 그것을 적절하게 활용하는 것은 양면적이다. 하나의 지역이 있지만, 그것을 발전시키는 것은 양면적이다. 동일한 문화적 욕구가 있지만, 그것을 추구해 가는 것은 양면적이다. 그런데 소재들을 적절하게 활용하여 나타나는 노동의 산물은 불신자이든 신자이든 매우 비슷하다. 그것을 선하게 활용하든 악하게 활용하든 자연의 구조와 그 특별한 소재의 특성에 따라 결과가 나타나기 때문이다. 즉, 신자이든 불신자이든 가지고 있는 마음의 기능이 유사해서 그 산물이 유사한 것이 아니라, 소재가 견고하여 다루기 힘들다는 유사성 때문에 그 산물이 유사한 것이다. 토기장이들이나 조각가들은 저마다 큰 차이를 가지고 있다. 어떤 사람은 교회당을 짓고, 또 어떤 사람은 무도회장을 세운다. 그러나 둘 다 동일하게 진흙을 구하기 위해 진흙이 있는 곳을 찾으며, 대리석을 구하기 위해 채석장을 찾는다.

바로 이것이 첫 번째 오해의 가능성이다.

2) 신자와 불신자를 공통으로 조절하심

또한 두 번째 오해의 가능성이 있다. 우리는 여기서 '공통 조절(common tempering)'이라는 문제를 다루게 된다. 하나님은 인간의 죄의 경로를 사로잡고 계신다. 물질들을 적합하게 활용해 가야 하지만, 그것들은 여전히 다루기가 쉽지 않다. 그리고 이런 상태는 마지막 날까지 계속될 것이다. 그러나 물질로부터 자유로워지고자 하는 의지는(이것이 피히테[Fichte]가 자신의 철학에서 꿈꾸고 있는 '자유'이다) 이 세상 가운데 있는 '일반 조절(general tempering)'에 대한 사탄적 자부심이 확대되어 가는 중에도 견제를 받는다.[3]

  (이러한 견제 또는 사로잡으심이 하나님의 섭리의 행위이며, 결과적으로 계시와 구원의 역사로 결정되는 것이므로) 그리스도는 사탄을 붙들어 매심으로써 요한계시록 20장에 계시된 기간 동안 더 이상 민족들을 유혹하지 못하게 하신다. 그분이 승천하시고 나서 오순절 이후부터 재림하실 때까지 이어지는 '천 년'의 기간 동안 그렇게 하시다가, 마지막 때에는 사탄을 잠시 놓으실 것이다. 그리스도는 죄와 저주의 과정을 조절하신다. 그분은 적그리스도를 '억제하신다(withholding).' 이렇게 적그리스도를 억제하시는 것은, 승리하신 그리스도께서 그분 자신을 스스로 억제하시는 것과 일치한다. 지금까지 조절되어 견제되고 있는 이 세상이 마음대로 돌아가지 않도록 그분 스스로도 마음껏 행하지 않으신다. 물론 때가 되면 그분의 존귀한 능력이 완전히 드러날 것이다. 그러나 지금은 여전히 모든 병거들이 견제되고 있으며, 모든 말들이 고삐로 제어되고 있다. 언젠가 모든 고삐들이 풀리겠지만, 지금은 그 심판이 연기되고 있다. '이 세상'에서 은총도 그러

---

[3] 역자주 – '사탄적 자부심'이란, 일반 사람들이 자연과 세계를 기술 문명 등으로 조절하는 '일반 조절'에 대해 자부심을 가지는 것인데, 원래 이런 자부심이 사탄으로부터 시작되었기 때문에 '사탄적 자부심'이라고 한다.

하다.

 이와 같이 그 어느 것도 완전히 발전되어 완성된 것이 없으며, 무엇이든 아직 완전히 성숙하지 못한 상태이다. 그리스도의 자비는 그 어디에서도, 심지어 천국에서도 온전하게 계시되지 않았다. 사탄의 파괴적인 힘도 자신의 계획대로 완전하게 이루어진 곳이 없다. 지옥에서도 그렇지 못하다. 천사적인 것이든 사탄적인 것이든 모든 것들이 잘 조율되어 연주되고 있다. 바로 하나님께서 그것을 조절하신다.

 이것이 문화의 문제에 관한 '공통 조절'의 신비이다(이것이 앞에서 말한 공통 은혜와 공통 심판의 토대이다). 삶은 아직 지옥과 천국의 형태로 나뉘지 않았다. 불경건한 자들은 그들의 문화적 행위 가운데 여전히 제어되고 있다. 그러하기에 사탄주의가 확산되고 있다 하더라도, 하나님을 향한 반항이 그들의 숨겨진 욕망과 더불어 커지고 있다 하더라도, 아직 흥분하여 폭발해 버릴 정도에 이르지는 않았다. 하나님의 성도들이 마땅히 행해야 할 공동의 나눔(코이노니아) 역시, 부분적으로는 그들 안에 여전히 남아 있는 죄로 인해, 그리고 그들의 왕이시요 구원과 계시의 역사의 목적을 향하는 하나님의 다스림에 의해, 여전히 완전하게 이루어지지 못하고 있다. 그리하여 마지막 날이 이르기까지는 모든 것을 제어하시는 그리스도의 통치로 말미암아, 하나님을 섬기는 자들뿐만 아니라 하나님을 섬기지 않는 자들도 모두 하나의 동일한 문화 활동에 참여하게 된다. 이 활동은 수누시아(함께하는 존재 됨)로서 일어나며, 우주의 물질적인 구조에 의해 제약을 받는다.[4)]

하나님을 섬기는 사람들과 섬기지 않는 사람들은 지리적으로 구분되지 않는다. 그리스도께서 그들을 모두 지켜 오셨다. 이렇게 공통적으로 제어되는 세상에서는 하나님을 믿지 않는 건설자라 하더라도 모두가 건설적인 일을 할 수 있다. 예컨대, 방주를 만드는 데 사용된 모든 것을 노아의 가족들이 직접 마련한 것은 아니었다. 멸망에 이를 사람들이라 하더라도 언제나 각자의 역할을 수행하고 있다.

3) 잔여물들을 조정하심

우리가 살펴보아야 할 세 번째 측면은, 제어나 조절은 항구적이지 않으나 조정(*temperantia*)은 항구적이라는 점이다. 지금까지 우리는 제어와 조절을 살펴보았다. 그것은 동시에 나타날 수 있다. 하나님께서 억제의 방편(제어)을 통해 조절하시기 때문이다(통제하고 인도하며 점검하신다). 한편 조정은 통치의 문제이며(조정은 천국에서든 지옥에서든 어느 세상에서든 영원히 남아 있다), 제어는 통치의 특별한 방식 중 하나이다. 이 방식은 언제든 변할 수 있다. 요한계시록 20장과 데살로니가후서 2장은 사탄이 풀려나리라고 증언한다. 그 일은 시간이 지속되는 중에 일어날 것이다. 또한

---

4) 오페라 '마술 피리(The Magic Flute, In diesen heiligen Hallen)'에 나오는 유명한 아리아가 실제로 '공연장(lodge)'이 아니라 교회당에서 불린다고 하더라도 교인들의 귀에 거슬리지는 않을 것이다. 왜 그런가? 작곡가의 정신이 불교적 주제(motifs)로 물들어 있었지만, 북유럽의 이교적인 영웅주의적 사고를 적절한 양식으로 표현해 낼 수 없었기 때문이다. 곧 수세기 동안 내려오는 교회 음악의 양식이 그를 여전히 괴롭힌 탓에, 그의 이교주의(이시스와 오시리스의 이집트 종교)가 마음껏 폭발되지 못한 것이다. 앞에서 언급한 '침묵시킴'을 고려해 보라. 이것을 추론할 때에는 공통 은혜(common grace)가 아니라 공통 불능(common impotence)에서 출발해야 할 듯하다. 이 공통 불능은 그 누구도 창조 세계를 벗어날 수 없게 만드는 조절의 결과이다.

그리스도를 '막는 자'가 어느 날(시간이 지속되는 어느 날) '옮겨질 것'을 증언한다. 이렇게 막는 것은 이 세상에서는 완전히 사라지지 않을 것이다. 그런 일은 천국이나 지옥에 이르러서야 가능해질 것이다.

한편 시간이 지속되는 중에는 억제의 세기가 항상 동일하지 않다. 때로는 강하고, 때로는 약해진다. 어떤 시기에는 하나님께서 사람들을 망상에 내버려 두기도 하시고, 그들에게 오류의 능력을 보내 두려우리만큼 강한 문화적 효과들을 일으키기도 하신다. 또 어떤 때에는 그분의 교회에 회개와 회심을 일으키는 성령을 허락하여, 하나님의 말씀이 불신자들의 공동체에 깊숙이 파고들어 갈 만큼 충격을 가하기도 하신다. 이렇게 막는 것은 세상 끝 날에 최소화될 것이다. 그때에는 교회와 세상의 현재 상황(*status quo*)이 (양편 모두에게서) 문화적 삶 속에서, 정확하게 바로 그 문화적 삶 속에서 끝장날 것이다. 그렇게 되면, 하나님께서 택하신 자들을 제외한 온 세상이 적그리스도를 중심으로 단합하고, 적그리스도가 하나님께서 적극적으로 허용해 주신 우주적 소재들(놀라운 속도로 발견된 그 내적인 가능성들과 함께)을 자유롭게 사용하여 (문화적인) 기적을 행하게 될 것이다. 그리하여 거짓된 기사와 이적들을 과시하는 동시에, 교회가 선포하는 진리를 멸시하고, 그것들을 고대의 아주 먼 시절에 속한 이야기로 치부하며, 교회를 분리주의자나 직선적인 사고를 가진 열광분자로 여기고는 무시할 것이다.

그때가 되면 문화적 투쟁의 불길이 이전과는 비교할 수 없을 정도로 타오를 것이다. 얼마 동안은 거짓을 선전하는 것이 눈부시게 놀라운 사실들에 의해 '뒷받침되는' 것처럼 보일 것이다. 반면 진리를 선전하는 것은 단지 신실한 말씀 선포에 의존할 뿐이지만, 그러한 상황 속에서 고백자들은 지금까지 '난해하게' 여겨졌던 말씀들의 참된 의미를 깨닫게 될 것이다. 그 난해한 구절을 예로 들자면 다음과 같다.

"보지 못하고 믿는 자들은 복되도다"(요 20:29).

우리는 중간 시대라고 이해해야 할 시대, 구체적으로 말하면 중간 시대의 중간 시대(the interim-of-the-interim)를 살아가고 있다.

우리는 이미 앞에 있는 '중간 시대' 곧 '평범한(ordinary)' 역사의 처음과 마지막 사이에 있는 중간 시대에 대해 논의했다.

뒤에 있는 '중간 시대'는 앞의 논의에 암시되어 있다. 이는 앞으로 올 적그리스도 시대와 실제로 불법의 사람 적그리스도가 임한 현재 사이의 중간 시대이다. 이 불법의 사람은 문화 가운데서 위대한 영웅으로 죄를 행하며, 거짓 선지자의 선전 기관을 통해 널리 알려질 것이다. 이 거짓 선지자가 바로 땅에서 올라오는 짐승이다(계 3장 참고).

신자들이 이러한 것을 알고서 그 어느 때보다 더 조심할 수 있기를 바란다! 신자들은 문화의 겉모습이 똑같아 보일 때조차도 그 문화의 방향이 어디로 향하는지를 분별할 수 있어야 한다. 왜냐하면 하나님이 조절하고 제어하시는 법칙의 영향 아래에서 과학과 예술, 무역과 산업, 국내외적 교류, 기술 또는 그 외의 것들이 '여전히' 광범위하게 발전할 가능성이 있기 때문이다. 그리고 그것은 실제로 어느 정도는 '문화'라고 할 수 있기 때문이다. 그러나 이는 사탄이 아직도 풀려나지 않은 까닭에 '여전한' 것이다. 누군가가 바하의 음악을 듣다가 재즈 음악을 듣는다면, 우리가 지금 '중간 시대의 중간 시대'의 끝을 향해 흘러가고 있다는 것을 느끼지 않겠는가? 문화적 활동들이 하나님의 율법을 따르며 믿음 가운데 하나님의 명예를 위해 수행되는 것이 아니라면, 그것들은 부패한 '남아 있는 것(remnants)'에 의해 수행되는 것이며, 사실상 단순한 잔여물에 불과하다. 물질(창세기 1장에서 창조된 우주적 자연)은 여전히 남아 있다. 그리고 여전히 원래 주어진 선물들 중 남아 있는 것들, 곧 잔여물들이 있다.

물론 '잔여물'이라는 말은 양적인 의미로만 사용되지는 않는다. 남아 있는 원래의 선물들 중에는 어느 정도 양적으로 측정할 수 있는 것들이 있지만, 양적인 것은 계속 줄어들기 마련이며 당연히 그렇게 될 것이기 때문이다. 그러므로 남아 있는 이런 것들은, 흔적(*vestigia* 또는 vestiges), 곧 발자국이라고 불린다. '흔적'은 양적인 개념이 아니다. 개의 발이나 사람의 신발이 남긴 발자국을 보고서 그 발이나 신발이 남아 있다고 하지는 않는다. 원래 주어진 선물들의 잔여물은 점점 줄어들고 '자연의 빛'이 점점 억압되고 있지만(도르트 신조 참고), 그 남은 것들은 언제나 존재할 것이다(조정[5]은 항구적이다). (신자들이 믿음을 이해하는 정도에 따라) 이 술 취한 세상 가운데도(적그리스도의 정신이 충만한 가운데도) 분명한 흔적, 곧 낙원(에덴동산)에서 누렸던 선물들의 흔적이 언제나 있을 것이다. 우리는 이 사실을

---

5) 역자주 - 화란어 원본에서는 이 표현이 앞에서 '조정'이라고 번역된 *temperatia*라고 되어 있는데, 영역자는 이것을 tempering(조절)이라고 번역했다. 이것은 명백한 실수이다. 저자는 '조절(tempering)'의 문제와 '제어(restraint)'의 문제를 다루고 나서 '조정' 곧 *temperatia*의 문제를 다루겠다고 말하기 때문이다.

인정하면서도 남아 있는 것들과 흔적들에 대해 말하기를 주저한다.

결국 우리는 문화란 단지 시도에 불과할 뿐이라고, 남은 것들에 국한되기 때문에 비극적인 것이라고 결론 내린다. 하나님은 타락한 인생 가운데 무언가를 남겨 두셨다. 이것은 인간에게 원래 주어진 선물 중 '조금 남은 것들'일 뿐이다. 이에 관해 칼빈주의적 고백은 이처럼 감탄스러울 만큼 위험하게[6] 묘사한다. 그것들은 가장 줄어들거나 최대로 오염될 때조차도 여전히 흔적으로 남아 있다(도르트 신조 참고). 하나님과 그분이 지명하신 자를 대적하는 문화적 변혁의 대혼란이 임박한 가운데서도 오직 신자만은 부요했던 낙원의 삶을 느낄 만한 흔적을 발견하게 될 것이다. 적그리스도를 추종하는 사람들은 그 안에서 '어제'의 흔적을 보지 못하고, 단지 '초기 단계의 것(*primitiae*),' 곧 '내일'의 시작점들만을 볼 것이다. 그들은 내일 이루어질 (헛된) 것을 소망하겠지만, 하늘의 심판주께서 그 소망들을 끊어 버리실 것이다. 그날이 이르기까지, 우리 기독교인들은 (헛된) 소망에 대항하며 (참된) 소망 가운데서 계속 건설해 갈 것이다. 마치 노아가 그의 '마지막 날'까지 방주를 지었던 것처럼 말이다.

하나님의 모든 때의 척도에 따라 하나님께서 붙드시는 세상, 곧 어떤 죄의 화산도, 어떤 은혜의 화로도 절대적이고도 적절한 방식으로 스스로 무화(無化)될 수 없는 세상, 날마다 그 자체의 파괴의 절정에 이르지도 않고 그 자체의 파멸적인 경향이 궁극적으로 성공하지도 못하도록 계속 보호되

---

[6] 종교개혁 '전성기'의 신학자 프란시스 유니우스(Franciscus Junius)가 비슷하게 표현했다. "하나님에 관한 진리는 말하는 것조차 위험하다(*de Deo etiam verum dicere periculosum est*)."

는 세상에서, 이러한 잔여물들은 모든 역사에서 그리스도 중심으로 나타나는 진보 가운데 그리스도가 보내신 자(성령)께서 유지하고 계신 그 발전과 제어의 도식에 따라, 그것이 그분을 기쁘시게 하는 한 여전히 새로운 문화적 공헌을 촉발할 것이다. 즉, 이미 낙원(에덴동산)에서 주어졌던 가능성이 촉발되는 것이다. 오직 그리스도께서 세상을 향해 가진 목적과 의도가 있다는 것과 이 세상을 심판의 불에 던져지도록 남겨 두고 계시다는 것 때문에, 그 가능성이 촉발되기로 정하신 때(카이로스)가 있는 것이다.

그러나 지금 논의하고 있는 '잔여물'은 결코 문제를 해결하는 돌파구를 만들 수 없다. 설상가상으로, 그것은 어떤 건전한 일도 생산해 낼 수 없고, 목적에 부합되는 것을 만들어 낼 수도 없다. 그 양식에 일치하는, 아니 그 본성(nature)에 일치하는 것조차도 생산해 내지 못한다. 본성에 얽매이는 것은 본성에 일치하는 것과 다르기 때문이다. 본성에 일치하게 행동한다는 것은, 오직 그가 (책임감을 가지고 역사에 개입하며) 창조주 앞에서 윤리적으로 신실하게 행동한다는 것이다. 하나님으로부터 분리되고 싶어하며 계속해서 고집스럽게 하나님과 멀어지려는 문화는 결코 온전해질 수 없다. 결코 연합(unity)에 이를 수 없다. 결코 성숙해질 수 없다. 지금까지 지나온 역사를 살펴보면, 그런 문화는 줄곧 스스로를 소비시키고 해체시켰을 뿐이다. 중생하지 못한 자는 자신이 가진 것을 겨우 붙들고 있다. 불의함 가운데서 그것을 붙잡고 있을 뿐이다(롬 1:18; 도르트 신조 3/4장 4항 참고). 그리스도가 입법자로 인식되지 않는 곳에서는 지속적으로 존재하는 그 어떤 양식도 결코 생겨나지 않는다.

위협적인 문화적 마비라는 괴물이 국가와 종족과 사회에서 피부로 느껴질 만한 문화적 징후들과 더불어 다시금 나타나고 있다. 건축가들이 건물을 세우고 있지만, 원래 추구했던 건축의 청사진을 잃어버렸다. 조각조각 흩어진 채 파편적으로 건축하고 있을 뿐이다. 모든 세대가 나름대로 세기말적 퇴폐성(*fin-de-siecle*)을 띠고 있다. 모두가 윗부분이 무거워 힘들어진다.

사람들은 문화적 도구들을 활용하여 건설하기보다는 오히려 파괴하고 있다. 하나님의 것을 도둑질하고 있는 것과 같다. 영화를 예로 들어 보자. 이것은 문화적 건설의 결과물이다. 그러므로 그것을 문화적 도구로 활용하여 교육적인 목적에 따라 전체 가운데서 제 위치를 지키도록 해야 하는데, 그렇게 하지 못하고 있다. 만일 고용인들이 그 도구들을 너무나 좋아한 나머지, 그것들을 다듬고 자신들을 위해 그것들을 '경작'할 뿐 정작 건축하는 데는 신경 쓰지 않는다면, 그들을 총지휘하는 건축가는 파산하고 말 것이다.

물론 우리가 알다시피 우리 건축의 총책임자 되시는 하나님은 결코 파산하지 않으신다. 그러나 그런 하나님께도 하찮은 벽돌공들과 십장들이 수없이 많다. 심지어 그분의 자녀인 백성들 중에도 그런 일꾼들이 있다. 하나님의 백성들 가운데도 바보들이 있다. 그들은 문화적 도구를 개발하는 것이야말로 참된 문화라고 외친다. 그들은 비기독교인들과 더불어 일하지 못하는 것을 부끄러워한다. 이것은 어리석은 모습이다. 문화적 도구를 개발하는 일 자체와 그 도구 자체를 위해 개발하는 것은 우상일 뿐이다. 그것은 우상숭배요 개별주의(personalism)에 속한 것으로, 이에 대해서는 일찍이 우리가 반대한 바 있다.

영화 자체를 위한 영화, 스포츠 자체를 위한 스포츠, 예술을 위한 예술 등! 이들은 모두 문화와 관련되어 있지만, 그처럼 그 목적과 전체로부터 분리되어 소위 '영역들'을 개발하는 기술은, 세우는 일이 아니라 오히려 무너뜨리는 일이 될 것이다. 그렇게 되지 않으려면, 세상이 운영되는 보편적인 하나의 영역으로서의 전체와 그 목적을 위해 하나님께로 되돌아가야 한다. 그러지 않으면, 문화적 목표를 달성하기 위한 아가페가 문화적 수단과 관련된 에로스에 굴복하고 말 것이다. 망치를 든 손은 건설할 수도 있지만, 반대로 쳐부술 수도 있다. 스포츠나 영화가 이 세상을 파괴하는 것이 아니라, 그것들 자체를 선하게 여겨 전체로부터 분리하는 행위가 세상을 파괴한다. 오늘날 영화는 기술적으로 더욱 완벽해지고 있다. 그런데 그런 영화가 세우는 것이 아니라 부수는 것이 되어 가고 있다. 그것이 교육 매체가 되기보다 사람들의 눈을 가리는 수단이 되어 버렸기 때문이다. 영화가 문화적 능력에서 출발한다는 이유로 이를 문화라고 부르는 사람은, 문화라는 용어가 비롯된 '콜레레(*colere*)'라는 말의 의미를 잊고 있다 할 것이다. 콜레레는 '부수다'가 아니라 '세우다' 또는 '경작하다'라는 의미를 가진다.

사탄조차도 우리와 싸울 때 우리가 살고 있는 이 수누시아(함께하는 존재 됨)의 세계 속에서 자기가 활용할 수 있는 소재들의 도움을 받는다. 적그리스도도 마찬가지이다. 요한계시록 13장에 나오는 짐승은 (일반은총이라는) 깔때기를 통해 이 세상에 들어온 것이 아니다. 그것은 우리가 태어날 때부터 우리의 수누시아 속에서 우리와 더불어 존재해 왔다.

21
적그리스도와 문화 활동

하나님께서 친히 제어하시던 중간 시대의 법칙을 폐지하시고 매우 극적인 긴장 속에서 이 세상에 신속하게 그 위대한 심판의 대파국을 불러오실 때, 적그리스도는 틀림없이 기독교의 영향이 여전히 남아 있는 문화 양상에 대항하여 세상의 눈앞에 죄의 반(反)문화를 재빨리 우뚝 세우기 위해 계획하고 그것을 실행하고 완수하고자 애쓸 것이다. 이것이 지금 논의하는 주제와 무슨 관련이 있는지를 이해하려면, 두 가지 사실을 염두에 두어야 한다. 첫째는 적그리스도가 독재자라는 것이고, 둘째는 그가 자기를 영화롭게 하여 '그 절정에 오른 때'에 자기 요새로부터 쫓겨나리라는 것이다.

1) 독재자

먼저, 적그리스도는 독재자이다. 즉, 그의 활동과 악마적이고도 반문화적인 계획은 이미 존재하는 것에서 발전하는 정상적인 방식을 따르지 않고, 스스로 그 안에서 분열되어 있는 세상에 대해 힘으로 밀어붙이는 데서 비롯되었다. 멸망에 이를 자의 마음을 굳어지게 하시는 하나님의 심판의 논리가 가진 엄격한 규칙에 따라, 하나님은 사탄의 마음을 굳어지게 하실 것이다. '민주주의' 사회가 죄 많은 독재자와 함께 끝장날 때, 그 사회도 심판을 받을 것이다.

하나님은 어떻게, 그리고 무엇을 통해 사탄이 그 악한 일들을 하게 하실까? 앞에서 언급한 대로 '적극적인 허용(active permission)'을 통해서이다. 사탄이 "적그리스도의 이적"(살후 2장; 계 13장 참고)에 필요한 것들을 발견하도록 허락하시는 것이다. 사탄은 그렇게 발견한 것을 가지고 으스댈 것이다. 우주의 소재들이 궁극적이고도 조직적인 부도덕함을 드러내는 엄청난 승부를 위해 사용될 것이다. 문화적 단편들, 문화 충돌, 문화적 도구들에 열중하여(이런 도구들은 갑작스레 발명되었기 때문에 거의 공식적으로 기록되어 있지 않다) 이런 일이 계속되다가 가장 경박한 과시주의(exhibitionism)로 나아가게 되고, 급기야 하나님도, 인간도 존중하지 않는 후안무치한 부도덕의 축제로 이어지고 말 것이다. '경작(콜레레)'은 끝장나고, 장기간에 걸친 목표가 파국에 이를 것이다. 단지 문화적 현상에만 도취된 탓에 하나님께서 주신 문화적 사명(commission)은 버려질 것이다. 그런데 여기에 덧붙여 알아야 할 점이 있다. 곧 마지막에 남은 극소수의 핍박

받는 기독교인이 아니라면 이런 힘한 현실을 인식하지 못하리라는 것이다. 사람들은 그저 문화적 현상에 도취되는 것을 인간을 위한 인간 예찬과 혼동하여 문화적 사명(mandate)으로 여길 것이다. 그리고 이런 예찬에 동참하지 않는 자들을 분위기를 망치는 자들이라고 정죄할 것이다. 독재자에게는 자비가 없다.

2) 축출당하는 적그리스도

적그리스도는 스스로를 영화롭게 하여 '그 절정에 오른 때'에 자기 요새로부터 쫓겨날 것이다. 이는 사탄의 양식이 끝까지 발전하지 못할 것이며 그의 계획이 결국 실패할 것임을 보여 준다. 도취의 문화는 참된 사랑을 배제하므로 연기처럼 사라져야 한다. 그것이 시편 68편에 기록된 발악하는 '악인'의 최후이다. 이것은 적그리스도가 심판받으리라는 의미이다. 당연히 그럴 것이다. 이것은 동시에 사탄의 무력함을 드러낸다. 모든 심판은 심판받는 자의 내적 상태에 적합하게 주어진다.

그러므로 성경의 마지막 책이 '우리에게 숫자 7이 하나님의 일을 묘사하고, 숫자 1000이 완전한 숫자이며, 적그리스도가 3.5를 넘어서지 못한다'고 말하는 것은 참으로 적절하다. 3.5는 7의 절반에 해당하므로, 그와 더불어 그의 활동이 중간에 끝나고 말 것임을 의미한다. 그 유리 바닷가에서 보게 될 하나님의 심판의 불길이 멀리 수평선 너머에 솟구쳐 오를 때, 무언가를 시작하려고 막 깨어났던 적그리스도의 문화가 결국 몸통만 남은 채로 끝장나고 말 것이다. 유희하는 인간(*Homo Ludens*),[7] 그 우상을 기념하여 벌이는 진지한 승부(the Serious Game)라는 반기독교적 문화 행사는 인간이 마지막으로 시도하는 발악이 될 것이다. 인간은 처음에 창조될 때 계획적인 마음을 자연적인 능력으로 부여받았다. 그런데 그 마음을 계획적으로(곧 사탄적인, 심지어 사탄주의적인 양식으로) 사용하여 하나님과 하나 된 회중에게 대적하는 적그리스도의 집단을 세운 것이다. 그러나 성경은 이 최후의 '문화적 투쟁'과 죄가 폭발되어 표현된, 겉만 번드르르한 문화 산물들에 3.5라는 숫자를 붙임으로써, 마지막 날들의 문화 체계가 결국 짓다가 만 피라미드일 뿐임을 보여 준다.

이로써 믿음의 눈을 가진 자들에게 우리가 지금까지 진술해 온 것이 분명히 드러났을 것이다. 곧 사람이 하나님'으로 말미암아'(하나님의 은혜와 힘을 공급받아) 살아가고 활동하지 않는다면, 종말론적으로 결정된 단어의 의미를 실제로 담고 있는 말로 표현하자면, 어느 누구도 공교회적으로(ecumenically), 균질적으로(homogeneously), 그리고 지속적으로(continuously) 건설하는 문화 행위를 할 수 없다. 개인뿐만 아니라 어떤 집단이든 마찬가지이다.

---

7) 역자주 – 이 말은 화란의 철학자 호이징가(Johan Huizinga)의 책의 제목에서 따온 말이다.

22

하나님의 왕국과 문화

　이렇게 짓다가 만 피라미드의 황폐한 모습과는 달리, 하나님의 말씀이 살아서 다스리는 곳마다 교회와 하늘의 왕국이 원래의 규범에 충실한 구조로 든든하게 서 있다.

　이 왕국은 앞서 황폐한 피라미드를 바라보면서 눈물을 머금는 일을 경험하였다. 이스라엘 백성이나 왕들은, 자기 나라가 바로 교회라는 사실과 그 교회가 문화적 투쟁을 비롯한 모든 투쟁에서 오직 믿음으로만 승리할 수 있다는 사실을 너무나 자주 잊어버렸다. '믿음으로'란, 자기들에게 맡겨진 계시의 내용들을 즐겁게 받아들이는 것을 말한다. 그들은 이 교회로서의 국가였던 이스라엘이, 한때 거대한 나무였던 이스라엘이 그루터기만 남은 것을 보면서 홀로 그 왕궁에서 울며 서 있었다. 다윗의 집, 이스라엘의 민족적인 건축물이 그루터기가 되어 버렸다. 특히 문화적인 측면, 곧 바벨론 유수나 예루살렘의 파괴를 통해 그렇게 되었다. 그리하여 백성들은 이렇게 탄식했다.

"아하, 이새의 줄기에서는 어떤 싹도 나지 않겠구나! 이렇게 어처구니없는 일이 일어나다니……."

그들은 (이방의) '문명국들'을 숭상하면서, 문화 시장에서 그들과 경쟁하여 그들보다 높은 값으로 매겨지기를 열망했으나 그렇게 되지 못한 것을 속상해했다. 이에 대해 선지자들은 뭐라고 말하는가?

"네 울음소리와 네 눈물을 멈추어라"(렘 31:16).

에스겔 선지자는 자신들의 눈에 즐거워하던 것(표면적인 문화 현상만을 보고서 즐거워하던 것)이 파괴되는 모습을 똑똑히 지켜본 백성들에게 하나의 표징이 되어야 했다. 그래서 자신 역시 자기 눈에 즐거워하던 아내를 잃어야 했고, 우는 것조차 허락되지 않았다(겔 24:16-24 참고). 왜 울지 말아야 했는가? 언약의 말씀을 다시금 진지하게 여길 신실한 언약의 회중들의 그루터기에서 새싹, 곧 '순'이 돋아날 것이기 때문이었다. 그 순은 바로 그리스도요 선한 목자이시다. 그분은 모든 필요와 문화적 필요를 충족시키는 목자가 되신다.

"그의 양식은 공급되고 그의 물은 끊어지지 아니하리라"(사 33:16).

여기에서 우리는 신실한 교회의 구성원들이 수행하는 문화 활동을 보게 된다. 그것은 하나님의 약속에 근거한다. 이 약속은 은혜와 복음을 통해 주어졌으므로 문화적 특성을 띤다. 이 은혜의 선물은 '충분하다.'

"내 은혜가 네게 족하도다(충분하도다)"(고후 12:9).

무엇을 위해 충분한가? 역사의 마지막까지 자신의 직무를 충실히 행하기에 충분하다. 그리고 문화생활로서 경작하거나 하나님에 대한 올바른 관점을 견지하기에 충분하다. 하나님은 언제나 자신의 피조물이 진정으로 예배하기를 원하신다.

방금 은혜가 충분하다(족하다)고 말했다. 은혜가 이렇게 충분하다는 것이 문화적 자부심은 아닐까? 바로 이 대목에서 신(新)칼빈주의가 비난받는다.

우리는 기독교의 문화적 자부심을 고취시키려는 것이 아니다. 단지 은혜가 충분하다고 말하는 것일 뿐이다. 또한 우리는 교회와 하나님의 왕국도 보편적으로 제어하시는 법칙, 왕 되시는 그리스도께서 선포하신 누그러뜨림(Mitigation)에 대한 확고한 결심 아래 살아가고 있음을 인식하고 있다. 신자들조차도 문화적 노력을 결코 완성하지 못한다. 그들에게도 짓다가 만 피라미드가 있다. 그들이 하는 일에도 잡동사니 같은 것들이 있다. 그러므로 이런 일에 자부심을 가질 이유가 없다.

사실 7이라는 숫자와 1000이라는 숫자는 하나님의 왕국과 교회의 일들을 나타내는 데 적합하다. 그 숫자들이 인간의 노동을 함축하기 때문이 아니다. 그 숫자들이 그리스도께서 그분의 영(성령)과 함께 효과적으로 활동하신다는 것을 보여 주기 때문이다. 그리스도로 말미암아 이 위대한 실재가 조금이라도 증명된다. 오직 하나님께서 특별한 은총을 베풀어 죽은 자들 가운데서 살려 생명 있는 자들로 창조하신 하나님의 사람을 "온전하게 하여 모든 선한 일을 행할 능력을 갖추게"(딤후 3:17 참고) 하신 곳에만,

목적이 분명하고 구조가 건전하며 기준이 확실한 조화로운 문화가 참으로 현존한다. 게다가 하나님은 그런 곳에서 그들과 그들의 행위를 함께 묶어 두신다.[8] 왜냐하면 목적지향적인 문화적 건설은 개인의 문제가 아니라 강력한 교제의 문제이기 때문이다. 그러므로 '성도의 교제(코이노니아)'에 대한 우리의 신앙 조항은 문화와도 직접적인 관련성을 가진다. 그래서 교회 안에 나타나는 분열(불가피한 것이 아닌 쓸데없는 분열)은 언제나 문화의 파괴를 내포한다. 반면 교회의 개혁은, 참된 고백자들의 수가 아무리 적다 해도 언제나 문화의 회복을 포함한다. 비록 이러한 참된 고백자들이 반대에 부딪히고 폭력에 시달리며 일터에서 쫓겨나고 문화적 혜택에서 제외된다고 하더라도, 그들이야말로 여전히 전도자들이며 문화의 이정표이다. 오직 예수 그리스도가 문화의 근원이기 때문이다.

어떤 사람들은 이런 견해를 '주제넘은 것'으로 여겼다. 그러나 그렇게 주장하는 사람들은 우리와 같은 신조를 따르는 자들이 아니다. 그들은 하나님의 말씀이 역사적인 방식을 따라 역사 속으로 효과적으로 들어온다는 사실을 모른다. 곧 하나님의 말씀이 그 씨앗으로부터 계속해서 열매를 맺는다는 사실을 모른다. 그들은 '하나님의 말씀'을 결코 '거듭나게 하는 중생의 씨'로 생각하지 않는다. 그들은 하늘의 구름 아래 이곳에서는 그 어떤 '구원의 사슬'도 만들어지지 않는다고 생각한다. 그들은, 하늘로부터 주어진 씨앗이 이곳 지상에서는 결코 30배, 60배, 100배로 열매 맺지 못한

---

[8] 역자주 - 그들의 행위가 곧 참된 문화가 된다는 뜻이다.

다고 주장한다.

이 이론에 대해서는 더 다루지 않겠다. 지면이 허락된다면, 바르트주의를 진지하게 논박하는 글을 쓸 수도 있을 것이다.

그러나 내가 단지 논쟁하기 위해 이런 주장을 제기하는 것이라고 생각하지 않기를 바란다. 이것은 근본적으로 신앙의 결단에 관한 문제이다. 성경을 하나님의 말씀으로 받아들이느냐 그렇지 않느냐 하는 문제이다. 성경이 없다면, 우리의 견해가 옳은지 그른지를 전혀 증명할 수 없다. 다른 견해들도 마찬가지이다. 그러나 여기서는 신앙의 진술에 대해서만 말하려는 것이 아니다. 교회와 죄 용서에 관한 일들만이 신앙의 문제인 것은 아니다. '경험'이 아니라 신앙을 통해 알게 되는 일들 모두가 신앙의 문제이다. 문화의 '본질(substance)'과 '현상(appearance)'에 관한 질문마저도 신앙을 통해서만 대답할 수 있다. '공동의 교제'와 '세우는 것' 등의 개념들도 신앙에 관한 문제이다. 만일 신앙고백이 이런 문제들에 관해 아무 말도 하지 않는다면, 그것은 신앙고백이라고 할 수 없을 것이다.

지금까지 말한 바가 성경적인 것이라고 인정되므로, 이어서 그 논의의 결과에 대해 주저 없이 말하고자 한다.

5부

성경적인 문화관에 관한 일곱 가지 결론

23

성경적인 문화관 1 _유일한 문화는 없다

　엄밀하게 말해, 첫 번째 결론은 '유일한(the)' 문화가 존재한다는 말이 옳지 않다는 것이다. '유일한 문화'라는 개념은 양적인 것에 대한 상상에서 나온다. 곧 문화적 노력에 (전적으로) 일치하는 문화가 있다는 것이다. 그러나 실상 '선험적으로' 보더라도 그런 일치는 있을 수 없다. 일반적인 의미의 순수 이성(reine Vernunft), 순수 지성(reine Verstand)이 없는 것처럼, 순수 문화(reine Kultur)라는 것도 없다. 자연은 하나일 뿐이지만, 그 자연을 활용하고 개발하는 모양은 여러 가지이다. 인간에게 의지를 발휘하는 것이 내재적인 것처럼, 문화적으로 의지를 발휘하는 것도 내재적이다. 그것은 인간의 본성에 속한다. 그런데 문화적으로 의지를 발휘하는 것은 무언가를 추구하는 것 이상을 의미한다. 그것은 먼 미래를 내다보면서 목표를 설정하는 일을 포함한다.

이 지점에 이르러 우리는 다시금 반정립을 마주하며, 또한 죄의 결과로 임한 저주, 곧 해체되고 흩어지는 저주를 만나게 된다. 세상은 아직도 바벨탑을 세우려고 애쓴다. 그리고 이런 엄청난 계획을 실행하는 곳마다 여전히 언어가 혼잡해진다. 그러나 첫 번째 바벨탑 사건처럼 극적으로 혼잡이 일어나는 것은 아니다. 이제 그것은 점진적으로 이루어진다. 모든 일이 이렇게 점진적으로 진행되어 가는 것만큼 엄청나고도 심오한 심판과 저주는 없다. 원리상으로는 어느 정도 통일된(einheitlich) 문화적 생산이 존재한다. 하나님의 영으로부터 나온 문화적 생산이 있는 것이다. 그러나 불신자 곧 엄청난 분파주의자는 통일된 문화 생산으로부터 등을 돌려 버린다. 동시에, 이용할 수 있는 문화적 자료들에 접근하여 경비병들을 점점 더 많이 세워 놓고는, 죄의 암호(이것이 그 짐승의 이름이 될 것이다)를 대지 못하는 사람을 모두 다 돌려 보내 버린다. 따라서 믿음으로 세워지는 문화의 영역은 점점 더 좁아진다.

물론 이 문화는 통일된 것이지만, 문화적 충동을 일으키는 '기회들'을 제공하는 재료라는 면에서 단지 파편들로만 형성된 문화이다. 불신앙의 분열적(schismatic) 세계(죄는 분열적이다)는 그 외의 다른 방식으로 문화가 형성되는 것을 원하지 않는다. 이는 도리어 다음과 같은 사실을 뒷받침한다. 이 분열적인 '세계'가 그 자체로 죄악 되고 공동의 교제를 파괴하는 성격을 가지기 때문에, 현재 거기에 속하는 거의 모든 보편적인 문화 영역에서 단지 문화의 파편들만을 산출할 뿐이라는 것이다. 그 세계가 자연 속의 원료들, 곧 개발되어야 하는 소재들과 이미 발견된 문화적 수단들로 접근하는 모든 길을 정복하였는데도 그저 파편적인 것들만을 산출하고 있는 것이다. 신자들에게 문화적 활동은 통일된 것이지만, 그런 활동을 하는 일터의 영역은 파편적이다. 반면 불신자들에게는 일터의 영역이 일치되어 있지만, 그 활동은 파편적이다. 이들 파편들, 몸통뿐인 조각상들, 하나님에게서 말미암지 않은 다양한 갈망들과 노력들의 전형적인 요소들은 서로를 부정하며 무효화한다. 그것들은 절대로 굳건한 하나의 연합체가 될 수 없다. 전체주의적 반기독교 국가의 강제적인 통일은 오래 지속될 수 없으며, 강제력이 사라지면 거짓된 통일이 금방 산산조각 나 버리고 말 것이다.

앞에서 우리는 다소 부끄러운 마음으로, 하나님의 뜻에 부합하는 문화조차도 심판의 날이 이르기 전에는 완성되지 못하리라는 점을 살펴보았다. 이것이 이미 언급했던 능력의 제한, 즉 '제어'에 대한 보편적인 법칙의 문제인 한, 이것은 우리를 겸손하게 만든다. 우리의 인생은 너무나 짧고, 우리는 태어난 환경을 의존할 수밖에 없다. 이것이 여전히 개발되어야 할 '영역'으로부터 우리를 쫓아내려는 세계의 약탈에 관한 문제라면, 우리는 마땅히 그리스도의 십자가를 져야 한다. 이것이 우리 모두의 죄의 문제라면, 우리는 하나님 앞에서 아담 안에 있는 우리의 죄를 고백해야 한다. 그 죄가 처음에 주어졌던 (문화적) 세계의 점진적인 발전을 하나부터 열까지 어지럽혔고(우리는 지금 타락후예정설을 따라 말하고 있다), 현재 짐승과 성령이 서로를 지체시킴(retardation)으로 말미암아 나타나는 급격한 상승과 하강을 피할 수 없게 만들고 있다. 우리가 우리의 과제를 완수할 수 없는 것이 일차적으로 우리의 개인적인 죄로 인한 것이며 우리가 게으르고 지혜롭지 못하기 때문이라면, 우리는 우리의 죄를 회개하고 건전하고도 부요하며 광범위한 문화 활동을 위해 가능한 한 오랫동안 더욱 힘써 매진해야 할 것이다. 그리스도께서 우리에게 문화 활동의 의무를 부여하셨다. 그러하기에 문화 활동에 참여하지 않는 것은 하나님의 일꾼들 편에 서지 않는 고집스러운 불순종이다. 이것은 하나님께 속한 일에 관하여 하나님을 섬기지 않는 것이다.

그런데 하나님은 어떤 능력이든 모두 완전하게 개발되도록 허락하지 않으신다. 따라서 우리는 불신자들의 문화이든 신자들의 문화이든 모두가 똑같이 마지막 심판의 대파국이 이르기까지는 완성되지 않으리라는 사실 안에서 하나님의 통치하시는 손길을 분별해야 한다. 그때까지는 그리스도의 능력과 그분의 성령의 능력조차도 완전히 표현되지 않을 것이다. 앞서 말했듯이, 이러한 지체하심이 그리스도의 뜻이다. 그리스도께서 재림하실 때까지 적그리스도에 대해 이 지체하심의 법칙이 적용된다. 인간은 확정된 하나님의 법령에 대항해 어떤 능력도 행사할 수 없다. 우리가 황소를 정해진 시간이 되기 전에 투우장으로 밀어 넣을 수는 없다. 우리는 제어하시는 하나님의 손길을 되돌려 놓을 수 없다. 무거우면서도 마음을 가볍게 하고 억누르면서도 변개시킬 수는 없고 아직 주어지지 않았지만 언젠가 허락하실 "새롭게 되는 날"(행 3:19)에 대한 하나님의 의도가 이 분주한 세상을 주목하고 있다.

그런데 이 법칙은 복음적인 방식으로 작용하고 있다. 이 사실을 잊지 말아야 한다. 이 법칙은 본질적으로 그리스도 중심적이다. 바로 그리스도 중심적인 이러한 성격 때문에, 하나님은 문화의 온도계가 너무 일찍 가열되어 부서져 버리는 것을 허락하지 않으신다. 하나님은 택자들 중 마지막 사람을, 그리고 유기자들 중 마지막 사람을 기다리고 계신다. 그들이 모두 이 세상에 태어나야 한다. 아직은 그들이 이 세상에 거하면서 활동할 수 있도록 그들을 둘러싼 이 땅의 대기로부터 보호받아야 한다. 그들은 모두 지체하심이라는 대기(the temperance-atmosphere) 안에 들어가야 한다. 그 기운이 구속하시는 무서운 진노의 강렬한 열기를 지금까지 완화시키고 있다. 이는 긴 역사의 마지막에 그들을 향한 하나님의 뜻이 성취될 수 있도록 하기 위함이다. 그들은 각각 서로 다른 명령에 복종하면서, 한 측은 무장하고 다른 측은 무장하지 않은 채로 생사를 걸고 투쟁하게 될 것이다.

결국 터지지 않도록 조절되는 대기 속에 있는 이 지체하심에는 놀라운 은혜와는 또 다른 아주 무서운 진노하심도 들어 있는 것이 아닌가? 그 지체하시는 힘이 마치 공기의 압력처럼 세상을 짓누르고 있다. 마지막 택자와 마지막 유기자가 그들의 삶을 모두 마치기 전까지는 그 균형과 기운이 깨지지 않을 것이다. 그리고 그때가 되면, 둘째 아담에게서 태어난 모든 사람들은 하나님의 새로운 세계가 허락하는 한도에서 그들이 문화적 투쟁을 수행함으로써 얻은 열매들을 영원히 취할 수 있게 될 것이다. 그러고 나서 완전히 만족할 수 있는 세계로 들어갈 것이다. 정확히 말하면, 이렇게 문화의 열매들을 즐기면서도 이제 모든 문화적 투쟁을 넘어서는 세계로 들어가는 것이다. 그때가 되면 그렇게 될 것이다. 그러나 그 이전에는 그렇지 않다.

24

성경적인 문화관 2 _문화는 구체적인 섬김이다

우리가 취하는 관점의 두 번째 결론은, 기독교인과 문화에 관해 논의할 때 '문화 자체'라는 가상의 개념으로 논의를 시작해서는 안 된다는 것이다. 단 하나의 '문화의 본질'이라는 것은 실재하지 않는다. 우리가 어떤 '형태들(forms)'을 만날 수 있는 것도 아니며, 우리 자신이 그렇게 될 수 있는 어떤 '형태들'이 있는 것도 아니다. 보편적인 혼이나 영, 또는 이성이나 로고스 같은 것도 존재하지 않는다. 이런 것들은 모두 추상적인 용어이다. 이것들이 범신론적 개념과 연결되지 않는다면 그다지 해롭지는 않을 것이다. 범신론적인 철학은 도덕법을 우주적인 문화 자체와 동일시하는데, 문화에서는 '자기의식(Self-conscious)'이 신(하나님)이 되고, 그 자기의식 안에서 스스로(의 방향과 행동)를 결정한다.

반면 기독교인은, 하나님이 생성되는 분이 아니라 이미 존재하시는 분이며, 영원 전부터 그분의 뜻을 결정하셨고 지금도 여전히 결정하시며, 그분의 도덕법을 위로부터 이 세상에 명령하시는 분임을 고백한다. 바로 이 법이 우리의 행동을 판단한다. 그 행동은 하나님에 의해 새롭게 태어난 새 사람의 행동이든, 아니면 사탄에 의해 교란된 옛사람의 행동이든 둘 중 하나일 것이다. 그러므로 우리는 생의 두려움을 기독교식으로 번안한(그렇게 할 수 있으리라 여기는) 소설 속에서 실제적인 균형을 찾으려는 것이 아니다. 예를 들어, 『팔리에터』(*Pallieter*)[1]를 기독교식으로 손질하는 생기론자들의 비밀스러운 계획(the crypto-vitalistic designs)에 반대한다.

우리는 모두 각자의 방식으로 하나님을 섬겨야 한다. 가죽 작업복을 입든 박사 가운을 입든 무엇을 입든 중요하지 않다. 모두가 하나님을 섬겨야 한다. 로마 가톨릭 신부들이 미사할 때 들고 흔드는 향로 같은 것이 아니라 망치와 낫(이런 것이야말로 우리에게 어울린다)을 깃발로 삼아, 고무장화를 신거나 연료통을 들거나 화가의 팔레트를 들고서 하나님을 섬겨야 한다. 우리는 모두 하나님께서 새롭게 창조하신 공동체 안에서 각자의 위치에서 하나님을 섬겨야 한다. '각자의 위치에서' 섬긴다는 것은 각자를 향한 부르심에 따라 섬긴다는 의미이다. 영감(inspiration) 없는 열정(aspiration)이 아니라 하나님의 부르심이 '우리의 위치'를 결정하기 때문이다. 우리는, 공동체를 형성할 때 하나님의 부르심을 고려하지 않은 채 교회회

---

[1] 역자주 – 1916년에 출간된 펠릭스 팀머만스(Felix Timmermans)의 소설로, 출간 당시 선풍적인 인기를 끌었다. 이 책의 주인공 팔리에터는 유쾌하고 행복한 플랑드르(현재 벨기에 서부, 네덜란드, 프랑스 북부를 포함하여 북해에 맞닿은 지방. 중세의 한 주) 스타일의 사람들을 대표하는 인물이다.

원으로서의 한계와 기준을 정해 버리는 일을 철저하게 혐오해야 한다. 개인적인 특성과 기질이 정도에 지나쳐 이기적으로 발전하는 위험을 주의해야 한다. 또한 (성경과 우리 인생의 과정을 통해 알 수 있는) 하나님의 부르심에 따라 각자의 위치가 설정되는 가운데 교제하는 공동체의 체계에 순응해야 한다. 수누시아 안에서 코이노니아를 세워 가는 것이 바로 기독교 문화이다. 여기서 코이노니아란 예수 그리스도와 더불어 신비적인 연합을 이룬 구성원들이 나누는 교제를 말한다.

25

성경적인 문화관 3 _문화는 때때로 자제가 필요하다

우리가 취하는 입장의 세 번째 결론은, 문화적 노력을 오히려 자제하는(물러나는) 문제와 관련되어 있다. 그렇게 해야 할 이유가 있을까? 그렇다면 어느 정도로 자제해야 하며, 왜, 그리고 무엇을 위해 자제해야 할까?

이 문제는 매우 다양한 측면의 논의를 담고 있기 때문에, 여기에서 모두를 요약할 수는 없다. 따라서 몇 가지를 언급하는 것으로 만족하고자 한다.

무엇보다도, 인간이 범죄하여 타락하기 전에도 문화 사명이라는 것이 있었으므로, 문화적 노력을 소홀히 하는 것이 언제나 죄라는 사실을 강조하는 바이다. 문화적 노력을 하지 않는 사람은 파업 중인 셈이다. 그리스도는 자신 안에 '문화,' 곧 '은혜'의 모든 보화들을 감추어 두셨다. 따라서 자제 자체를 목적으로 자제하는 것은 사실상 그리스도를 저버리는 일이며, 스스로 빈곤을 초래하는 것이고, 하나님 앞에서 죄악이다. 그러하기에 문화에 대한 문제에 관심을 가지지 못하도록 가르쳐서는 안 된다. 디모데전서 4장 4,5절 말씀은 모든 것이 선하다고 선포한다.

"하나님께서 지으신 모든 것이 선하매 감사함으로 받으면 버릴 것이 없나니, 하나님의 말씀과 기도로 거룩하여짐이라."

하나님의 손으로 만든 것과 우리의 손으로 만든 것은 동일하지 않다. 하나님께서 지으신 '보리와 포도'는 사람이 만든 '맥주나 포도주'와는 다르다. 또한 하나님께서 만드신 모든 피조물들은 '하나님의 말씀'(하나님께서 우리에게 말씀하시는 것)과 '기도'(우리가 하나님께 말씀드리는 것)로 거룩해진다. 즉, 실제적인 언약적 교제를 통해 거룩해지는 것이다. 그러므로 문화적 노동을 등한시하는 것은, 하나님의 피조물들이 하나님과의 언약적 교제 가운데 나타나기를 거절하는 것이며, 교제의 범위를 좁히는 것이다. 그 교제를 임의로 제한하는 것에 대해 우리가 도대체 무슨 말을 더 할 수 있겠는가?

또한 신실한 사람이 어떤 문화의 영역에서 하나님의 명령을 수행하기가 너무나 어렵고 거의 불가능해 보여서 그 영역에서 활동하기를 거부하기도 한다. 그 영역에서 하나님의 법을 준행할 때 받게 될 압력이 너무나 크고 부담스러워서 그 특별한 영역을 회피하는 것이다. 그러나 그런 회피도 죄악 된 일임을 분명하게 알아야 한다. 그런 사람은 그 영역에서 일할 경우 하나님의 법과 마찰을 빚게 되기 때문에 그 문화 자체를 피한다. 그러나 이런 주저함은 실상 하나님을 피하는 것과 같다. 지금 그는 입법자이신 하나님과 불편해지지 않으려는 바람에, 그 영역에서 하나님의 뜻을 드러내는 일에 실패하고 있는 것이다. 그런 식으로 문화에 참여하기를 거부하는 것은 결코 바람직하지 않다. 그러한 거부가 정당화되거나 오히려 요구되는 경우는 오직 응급조치로서뿐이다.

세상 끝 날이 오기 전에는 당연히 이런 응급조치가 필요한 비상사태가 있을 것이다. 또한 현재는 전쟁 중이기 때문에 이러한 비상사태는 점점 더 교묘해지고 악랄해질 것이다.

하나님께서 죄에 대항해, 또한 죄가 하나님께 대항해 전쟁을 벌이고 있는 탓에, 모든 문화적 세력들이 중앙의 통제를 받으면서 동시에 조화롭게 발전할 수는 없다. 한 국가 안에서 전쟁에 연루된 세력들이 정상적으로 발전해 가기 위해서는 먼저 반드시 모든 무기들이 사라져야만 하듯이, 새로운 인류 공동체는 새 땅에서 행하는 정상적인 활동을 통해서만 '안식'을 찾을 수 있다. 그제서야 비로소 전쟁이 끝나는 것이다.

이러한 전쟁이라는 주제는 자제라는 문제의 또 다른 측면을 시사한다. 하나님께서 창조 세계에 수백 수천억의 인생들을 지으셨지만, 그들 중 단지 일부 사람들만이 각자의 의무를 이행한다. 모든 사람들이 하나님을 두려워하며 섬겼더라면, 서로 짊어질 짐이 좀 가벼웠을 것이다. 그러나 그렇게 되지 못한 까닭에, 하나님의 신실한 자녀들이 더욱 무거운 짐을 떠안게 되었다.

요즘 불신자들은 흔히 물질이 불균등하게 분배되는 것에 불평한다. 그러나 하나님을 떠나 이를 불평하는 것은, 근본적으로 이 사회를 비난하면서 자신도 그 비난할 만한 일을 행하고 있는 것이다. 저녁에 밖으로 나가 산책하면서, 극장에 내걸린 화려한 간판과 그런 영화를 보려고 입장료를 내는 수많은 가난뱅이들을 보라. 이렇게 무력한 군중들이 행하는 '문화 활동'의 배후에 도사리고 있는 엄청난 조직을 생각해 보라. 불행하게도, 보통 이렇게 비기독교적으로 수행되고 있는 문화 활동의 한 예를 통해서도 우리는 하나님을 배제한 채 물질이 분배되는 증거를 쉽게 볼 수 있다. 돈을 애써 아껴 근검절약한 기독교인 노동자가 그 입장료의 절반에 해당하는 금액을 선교를 위해 주일날 헌금함에 넣을 때, 간접적이기는 하지만 그도 '문화'에 참여하고 있는 것이다. 영화를 보려고 입장료를 지불하는 게으름뱅이들이 만약 유흥과 노동, 여흥과 창조적인 노력을 구분하는 기준을 찾을 수 있었더라면, 기독교인 노동자가 헌금한 액수의 반만 내더라도 충분했을 것이다.[2] 나쁜 영화를 보기 위해 지불되는 돈(전적으로 그런 것은 아니지만)이 선교 활동 같은 문화적 활동에 소비되어야 마땅한 것이다.

이런 몇 가지 예들을 볼 때, 기독교인들은 하나의 공동체로서 교육, 선교, 교회생활, 자선 활동 등에 관하여 무거운(마땅히 져야 할 짐 이상의) 짐을 지고 있다. 모든 단계에서 그들의 상태는 비정상적이다. 아버지의 포도원에서 일하고 있는 아들이, 다른 형제가 아버지 앞에서 성실하게 일하지 않는 까닭에 더 무거운 짐을 지고 있는 것이다.

이와 같이 적개심, 게으름, 소심함, 태만함, 편협함 등으로 말미암아 어

---

[2] 역자주 - 비기독교인들이 물질을 함부로 쓰기 때문에, 기독교인들이 문화 혁신과 개선을 위해 더 많이 헌금해야 할 부담을 지게 된다는 의미이다.

떤 형태로든 어떤 면에서든 문화 참여에 게으른 것은 하나님 앞에서 죄악이다. 불행하게도, 불신 세계가 간혹 이와 관련하여 우리를 비난하는 것이 옳음을 인정해야만 한다. 왜냐하면 그리스도인조차 덕을 세우는 체하는 유사 경건주의로 인해 실상 우리를 '원래' 상태로 되돌려 놓는 구속 사역이 새롭게 창조된 사람에게 문화 활동의 의무를 부과한다는 사실을 너무 자주 잊어버릴 뿐만 아니라, 심지어 그런 것을 이단으로까지 여기기 때문이다. 그것은 스스로 결코 성취할 수 없는 일들을 쓸모없게 만드는 적개심과는 다르다.

그렇게 비난하는 불신자들이 실제로 자신을 향한 부르심을 무시하고 하나님께 파업을 선언하면서 정상적인 문화적 노동 분업을 항상 거부하는 것과는 달리, 그리스도인으로서 앞으로 수행해야 할 의무를 위해 훈련하는 것을 첫 번째이자 가장 중요한 일로 여기면서 긍정적인 것을 보존하기 위해 소극적인 '금욕주의'에 호소하여 의식적으로 (문화 활동에 참여하기를) 자제하는 경우, 그런 그리스도인들은 영웅들이다. 그리스도인은 바로 그런 일을 위해 부름받았다. 자신들의 대학을 운영하고 선교사들이 국가절대주의(이는 적그리스도의 첨병이다!)[3]에 의존하지 않도록 그들을 후원하는 그리스도인들이야말로 참으로 훌륭한 공동체이다. 그리고 이목을 끄는 기독교적 무대를 세울 수 있는데도 그것을 자제하거나, 미학적이고

---

3) 역자주 - 저자는 국가절대주의를 적그리스도의 시초로 보는데, 기독교가 소위 국교로서 공인되고 있는 화란의 상황을 고려하여 이 견해를 이해해야 할 것이다. 저자는 국가가 아니라 교회를 통해 선교 활동을 지원해야 한다는 입장을 견지한다.

도 예술적인 성격의 광범위한 기독교인들의 조직을 설립하지 않고 수천 가지 다른 영역에서 하나님이 원하시는 일들을 하는 그리스도인들이야말로 참으로 영웅적인 공동체이다. 그런 이유로 공동체가 자발적으로 (세속적인) 문화에 참여하기를 자제한다면, 그것은 무엇보다도 자기 절제이며 자기 부인이고 자기 계발이다. 하나님의 사람으로서 부르심을 받은 일에 마땅히 우선적으로 참여해야 한다. 다른 사람들이 그를 조롱할지도 모른다. 그러나 그런 기독교인이야말로 폭넓은 문화적 통찰력을 가지고 있는 사람이다. 그렇게 자제함으로써, 그는 지금이 비상사태라는 사실 가운데 태초부터 종말로 이어지는 역사 속에 자신의 현재를 설정하고 있기 때문이다.

이러한 종류의 자제를 '적개심'이라는 개념과 같이 분류해서는 안 된다. 오히려 예를 들자면, 예수님이 마태복음 19장 12절에서 하신 말씀에서 그 한계와 적법성을 찾을 수 있다.

"어머니의 태로부터 된 고자도 있고 사람이 만든 고자도 있고 천국을 위하여 스스로 된 고자도 있도다 이 말을 받을 만한 자는 받을지어다."

여기서 그리스도는 이 세상으로부터 도피하기 위해서가 아니라 천국을 위해 고자가 된 사람들에 대해 말씀하신다. 요한계시록 12장에도 그와 비슷한 장면이 묘사된다. 여자(교회)가 광야로 도망한다(6절 참고). 그러나 그리스도께서 승천하신 후, 곧 그분이 영광스럽게 통치하시는 '천 년'이 시작되는 즈음에 광야로 가기 때문에, 그녀는 그 사람의 아들로 말미암아 해방된다. 그녀는 자유의 여인인 사라의 권리를 가지고 있으나,[4] 여종 하갈과 더불어 광야에서 배고픔을 당한다. 그녀의 자발적인 자제함은 그녀의 상속권을 부인하는 것이 아니라, 오히려 자기 자신의 양식(style)을 유지한 채로 문화 과제를 수행하는 것이다. 대부분의 사람들은 인생 전체의 시간(크로노스) 속에서 그리스도께서 원하시는 때(카이로스)를 따라, 지금 바로 여기서(*hic et nunc*) 하나님을 섬기는 일을 전혀 고려하지 않는다.

지금은 전쟁 중이다. 심지어 우리의 마음 안에서도 전투가 일어나고 있다. 그렇기 때문에 자제 역시 언제나 개개인이 더욱 구체적으로 결정해야 하는 매우 뚜렷한 사안들에서 개인적 의무가 될 수 있다. 한쪽 눈을 뽑는다든지 손이나 발을 잘라 낸다든지, 재산이나 가정을 버리고 불구가 되고 외로운 신세가 되는 것이 모두 하나님의 왕국을 위한 일이 될 수 있다. 이런 것은 결코 자제 자체를 위해 자제하는 것이 아니다. 그것은 낮은 자가 더 높은 자를 지배하는, 얼토당토않은 혼란을 방지하기 위한 강렬한 노력이다. 다시 말해, 이것은 양식에 무관심하거나 문화를 적대시하는 것이 아니다. 오히려 하나님의 사람이 가장 넓은 의미에서 (하나님과 사람을) 섬기는 것이며, 문화 양식 및 훈련과 활동, 그리고 자기 절제에 관한 문제인 것이다.

---

4) 역자주 - 갈라디아서 4장 21-31절에서 바울이 사용하는 비유를 참고하라.

26

성경적인 문화관 4 _ 문화 사명은 태초부터 주어졌다

네 번째 결론은, 부정확하고도 비과학적인 대중의 용어라는 틀 안에서조차 '그리스도와 문화'라는 문제를 '일반은총'의 문제로 규정해 버리는 것이 분명히 잘못되었다는 것이다.

우리는 이미 개념적으로 정확하게 기술한 우리의 신앙 체계 안에서 '일반은총'이라는 용어가 사용될 여지가 없다는 입장을 확실하게 천명했다. 적어도 카이퍼 신학에서 사용되는 '일반은총'이라는 개념은 받아들일 수가 없다. 카이퍼 신학에서는 '일반은총'을 신자와 불신자 모두에게 보편적으로 부여되는 '보편은총'으로 간주한다. 이 점에 대해서는 더 이상 자세히 논하지 않겠다.

그러나 이렇게 질문해 보자. 어느 누가 어떤 개념을 언제나 정확히 정의할 수 있겠는가? 어느 누가 완벽하게 적절한 용어를 사용할 수 있겠는가?

단 한 쪽이라도 비유적인 표현을 사용하지 않고 채울 수 있는 사람이 있겠는가? 정의상 정확하지는 않지만 우리에게 여전히 남겨진 것에 즐거워하고 감사한다는 측면에서 창조의 선물들의 흔적들이 쌓여 있는 것, 그리고 '자연의 빛'과 그것을 사용하는 것을 '은총'이라고 부를 수 있지 않을까? (도르트 신조에 따르면) '자연의 빛'을 '일반은총'으로 이해하는 항론파(Remonstrants)[5]나 아르미니안주의자들(Arminians)과 한 발짝 정도는 함께 나아갈 수 있지 않을까?

아쉽게도 우리는 선한 의도로 던지는 이런 질문에 긍정적으로 대답할 수가 없다. 지금까지의 경험으로 볼 때 여기에서 교훈을 찾을 수 있다.

무엇보다 먼저, 사람에게 남아 있는 '흐릿한 자연의 빛'과 그 빛을 활용하는 것에는 약간의 차이가 있다. 그런데 예술과 과학에 내재한 일반은총을 극찬하는 듯 묘사하는 아브라함 카이퍼의 장대한 서술들은, 빛과 그 빛을 활용하는 것의 차이를 여러 번 무시하였다. 그러나 '은혜'가 무엇인지를 질문해 보면, 그 차이를 아는 것이 얼마나 중요한지를 깨달을 수 있다.

앞에서도 분명하게 반대했지만, '은혜'라는 용어를 편향적으로 사용하는 데 반대하는 이유가 또 하나 있다. 오늘날 우리는 간혹 사람들에게서 '직선적인(rectilinear)' 사고와 '일방통행 신학(single track theology)'을 경멸하

---

5) 역자주 - 칼빈의 후계자 데오도르 베자(Theodre Beza)가 이해한 칼빈의 신학에 반대하여 다섯 개의 조항을 제기한 사람들을 일컫는다. 이들은 1619년에 열린 도르트 총회에서 축출되었다. 다섯 개의 조항은 예지예정, 보편적 구속, 성령에 의한 중생, 거부할 수 있는 은총, 불확정적인 성도의 견인이다. 여기에 대항하여 도르트 총회에서는 칼빈주의 5대 교리(전적 부패, 무조건적 선택, 제한적 구속, 불가항력적 은혜, 성도의 견인)를 고백하였다.

는 말을 듣는다. 그런 경우, 보통 우리는 침착하게 대응하기가 힘들다. 더욱이 1942-1944년(1946년 이후에도) 화란 개혁주의 교회 총회에서 변증가로 활동한 저자들에게서 그런 말을 듣는다면 좀 더 참기 어려워질 것이다. 그들은 다른 견해를 전혀 용납하지 않은 채 언약의 자녀들이 중생하지 않았다고 보는 자들을 마구 공격했다. 그런 변증가들은 간혹 상대편 사람들을 가리켜 '직선적'이며 '일방통행적' 사고를 가지고 있다고 맹렬히 비난했다. 그러나 사실 그들 역시 1942년의 총회적 선언에 완전히 일치하지 않는 것은 무엇이든 가르치지 않겠다고 약속했다(그리고 이 약속에 관해 아무것도 변하지 않았다). 그 선언은 '자연의 빛'으로 '우리 가운데' 남아 있는 것이 항론파들이 사용하던 '일반은총'이라는 이름으로 불려질 만한 것인지를 확실히 정리해야 할 어려움을 안겨 주었다.

자, 위의 약속이야말로 너무 직선적이어서 만족스럽지 못하다. 즉, 그것은 일방통행적 사고방식을 보여 준다. 왜냐하면 '은총'이란 받을 자격이 없는 사람에게 주어지고 잃은 것을 되찾게 하는 '호의'로서, 결국 허용 가능성이라는 개념과 연결되기 때문이다. 그리하여 많은 기독교인들이 문화에 관한 문제를 무엇이 허용되고 허용되지 않는가 하는 문제로 바라보게 되었다. 그래서 거기서 파생된 수많은 결론들이 뒤따르게 되었다.

우리는 우리의 문화적 사명을 무엇보다도 '공통의 명령(a common command),' '공통의 부르심(a common calling),' '공통의 사명(a common mandate)'에 관한 문제로 여겨야 한다고 생각한다(우리의 전체 논증이 그것을 확실하게 제시한다). 허용되느냐 안 되느냐를 생각하는 것이 아니라 마땅히 그렇게 해야 하는 것으로 이해해야 한다는 말이다. 앞에서 설명한 대로, 우리는 문화의 문제가 타락 이전, 심지어 태초부터 주어진 의무요 과제이며, 피조물이 하나님을 섬기는 것에 관한 문제임을 분명히 제시하였다. 하이델베르크 요리문답은, 하나님께서 인간이 타락하기 전에 그들에게 요구하셨던 바를 인간이 타락하여 그것을 행할 수 없게 된 이후에도 여전히 요구하시는 것이 결코 잘못되지 않았음을 타당하고도 완벽하게 강조한다. 이 요리문답은, '일반은총'이 단지 하나님의 선언에 의해 우리에게 허용될 수 있는 것으로 남겨진 것이라고 가르치는 자들을 날카롭게 비판한다. 하나님께서 수행할 능력이 없는 사람에게 여전히 "동산을 경작하라"라고 요구하신다 하더라도, 그것은 인간에게 부당한 처사가 아니다.

이 모든 것은 하나 이상의 중요한 이론들, 방법론적 구조에 관한 이론들과 밀접하게 연관되어 있다. '은총'을 출발점으로 삼는 일반은총론은, 타락 이후 우리에게 남겨진 것들을 복잡한 상황의 출발점으로 선택했다. 바로 이런 점에서 실수한 것이 한두 가지가 아니다. 첫째, (문화의 문제에 관한) 하나님의 의도를 이해하기 위해서는 타락 이후에 무슨 일이 일어났는지를 무시하지 않으면서 타락 이전에 일어났던 일을 돌아보아야 한다. 둘째, 일반은총론은 사람들에게 여전히 남아 있는 일에 대해 인간이 하나님보다 중요한 것처럼 말하곤 한다. 이 이론은 하나님 중심적이라기보다는 인간 중심적이다. 이런 실수는 필연적으로 세 번째 실수로 이어진다. 곧 문화에 대한 낙관적인 음성을 비난받을 정도로 드높이기 시작한 것이다. (인간에 의해 활용되어 개발될 수 있는) '자연'이란 우리의 소유로 주어진 것이 아니라, 우리가 마음대로 사용할 수 있도록 허용된 것이다. 마치 선박회사가 선장에게 배에 대한 권한을 넘겨주어 선장이 선적 업무를 할 수 있도록 하는 것과 같다. 그렇다고 해서 그 배를 선장에게 선물하는 것은 아니다. 하나님께서 우리를 그분의 창조 세계의 일부로 남겨 두실 때, 그리고 그 창조 세계가 우리와 더불어 존재할 때, 자신이 이전에 소유하던 부요함을 지금도 여전히 느끼면서 자부심을 가지는 사람은 "나에게는 여전히 허용되는 것들이 많이 남아 있다"라고 말할 것이다. 그러나 다르게 말하는 사람도 있다. 그는 자신의 일을 사랑하며, 인생을 잔치처럼 즐기고 있다는 것을 부인하지 않은 채 이렇게 말한다. "일방통행 신학을 조심하라."[6] 왜냐하면 배의 영원한 주인이신 하나님께서 자신을 선장으로 임명하셨음을 깨달은 사람은, 자신이 확고한 사명을 받았으며 여전히 해야 할 일이 있음을 인정해야 하기 때문이다. 자연(내가 그 한 부분이 되고, 그 자연에 대해 문화적 욕구가 작용한다)에 대해 말하자면, 세상의 종말이 오기 전, 곧 만물이 (다른 형태의 존재로) 전이되어 새 하늘과 새 땅이 되기 전에 여전히 많은 일들이 일어나야 할 것이다. 그러나 하나님의 직무담지자로서 우리 자신의 안팎에서 자연을 개발해야 할 과제는 결코 폐지된 적이 없다. 이것은 팔리에터식의 가치관(생의 예찬 등을 강조하는 세속적 인본주의)에 반대하여 던지는 심각한 경고이다.

    문화는 당위의 문제이다. 또한 문화는 원래 '생명의 명령'에 속한 것이

---

6) 역자주 - 저자는 자신을 비난하는 용어를 사용하여 반대편 사람들을 비판하고 있다.

며, 가장 넓은 의미에서 생명에 관한 문제였다. 그렇다고 해서 "살아라!"라거나 "용감하게 살아라!"라는 식의 명령은 아니며, 그 명령에 복종하는 모든 사람에게 생명을 나누어 준다는 것이다.

그러므로 우리에게 부여된 문화적 부르심은 결코 개인의 적성이나 취향에 따라 결정되는 것이 아니다. 이런 것들은 규범을 결정할 수 없다. 원초적인 부르심은 모든 사람을 향한 것이다. "건전하고 온전하라," 즉 그리스도께서 우리에게 말씀하신 바 "그러므로 너희들은 완전하라"라는 명령과 같은 의미로 "온전하라(teleios). 완전하게 성장하라. 인간이 되라"라는 명령이 모든 사람에게 주어졌다. 이는 인본적인 것을 추구하라는 말이 아니다. 그 사람에게 속한 모든 것과 그 공동체에 속한 모든 것이 함께 하나님 앞에서 자신을 드러내야 한다. 모든 사람이 모든 문화 현상에 참여할 수 있는 자질을 가진 것은 아니다. 다양한 종류의 자연적 능력 자체는 문제 되지 않는다. 한 문화 분야(예를 들어, 음악)에 직접적으로 참여할 능력이 없다고 해서 의도적으로 그 분야를 멀리해서는 안 된다. (직접적으로 참여하지 못하는) 어느 분야에 관심을 끊은 채 전체적인 문화 투쟁을 고려하는 것은, 오히려 섬김을 의식하는 훈련을 추구하는 것과는 정반대된다.

그러므로 우리는, 아브라함 카이퍼를 비롯하여, 기독교나 칼빈주의가 고유한 예술 양식을 계획할 수 없으며 계획해서도 안 된다고 주장하는 사람들에게 동의할 수 없다. 어떤 사람은 칼빈주의가 고유한 예술 양식을 개발하는 데 실패했다고 말한다. 그리고 그 원인에 대해, 칼빈주의가 종교에 관심을 두며 '더 높은 것'을 선호하고 '더 낮은 것'을 등한시하도록 강요했기 때문이라고 말한다. 또는 적어도 '더 낮은 것'을 개발할 능력이 없었기 때문이라고 한다. 그러나 다시 한번 말하지만, 이런 주장에는 종교와 문화를 분리하는 위험이 내재해 있다. 게다가 이런 주장은 '삶의 한 영역'에 대해 어떤 양식을 고안할 수는 있지만, 다른 영역을 위한 양식을 개발할 수는 없다는 인상을 준다. 언제나 '양식(스타일)'은 먼저 건축 전체와 관련되며, 그다음에 각각의 부분과 관련된다. 만일 칼빈주의자가 생활양식에 대해 말할 수 있다면, 예술 양식에 대해서도 말할 수 있을 것이다.[7] 자유대학(the Free University)을 설립한 아브라함 카이퍼가 칼빈주의의 과제를 너무 제한한 것이 아닌지 염려스럽다.[8] 하나님을 섬기는 것은 창조하고 빚어 내고 양식화하는 모든 일들을 뛰어넘는다. (더 말할 것도 없이) 칼빈주의가 어떤 영역에서 그 고유한 양식을 개발하지 못한다면, 이것은 부분적으로 (앞에서 언급한 유보 사항이 여전히 작용하고 있기 때문에) 누군가가 주장하는 대로 소위 '칼빈주의' 체제가 지닌 약점으로 말미암는다. 만약 문화가 일상의 삶에서 하나님을 섬기는 일에 관한 것이라면, 이러한 소명은 구원사의 각 기간이 지니는 한계, 곧 그리스도의 통치로 설정되는 한계 안에서 바꿀 수 없다. 그래서 모든 사람은 균형 있게, 그리고 그들의 목적들에 일치하는 규범에 따라 세워진 관계 속에서 협력하면서 온전하고 완성

---

7) 역자주 - 생활양식의 문제는 전체에 해당하고, 예술 양식은 한 부분에 해당한다.

8) 역자주 - 물론 카이퍼도 인생의 모든 영역을 하나님의 주권 아래 두고, 기독교 신앙을 삶 전체의 체계로 이해한다. 그러나 여기서 스킬더는, 카이퍼가 그리스도인의 고유한 예술 활동과 같은 것이 있을 수 없다고 말한 것을 비판한다. 이러한 측면에서 카이퍼와 그의 추종자들이 칼빈주의의 과제를 제한한다는 것이다.

된 사람이 되도록 힘써야 한다. 왜냐하면 이러한 소명에는 사회적 효과가 반드시 뒤따르기 때문이다.

27

성경적인 문화관 5 _ 교회는 가장 간접적인 문화 세력이다

        이러한 협력 공동체들(교회)이 가진 의사 결정의 규범들은, 성도의 교제를 위해 맡겨진 율법과 설교, 그리고 그 말씀의 집행에서 도출된 고유의 규범이다. 그러므로 우리의 입장을 따르면, 교회의 결정을 깊이 존중해야 한다는 결론에 이를 수 있다. 이것은 문화적인 관점에서 볼 때도 마찬가지이다.

  교회의 왕이신 그리스도는 만물의 왕이시며, 그 만물의 역사 속에서 자연을 완성하시는 분이다(리케트[Rickert][9] 역시 자연에도 역사가 있다고 정당하게 말한다). 또한 그분은 하나님의 대사로서 모든 우주적 발전 과정과 회복의 결과들을 하나님의 발 앞에 내려놓고자 하시며, 결과적으로 문화

---

[9] 역자주 - 하인리히 리케트(Heinrich Rickert, 1863-1936)는 20세기 초 '신칸트철학파'에 속하는 인물이다.

를 지배하고 문화 조직체들을 심판하며 구속하신다. 그분 안에서 하나님께서 만물을 '총괄갱신하신다(recapitulate, 엡 1:10 참고).'

우리는 방금 에베소서 1장 10절을 언급하면서 '만물의 총괄갱신'에 대해 말했다. 또한 우리는 문화적으로 결정되어야 할 '역사의 개괄(summary of history)'과 관련하여, 그리스도에게 어떤 특별한 위치가 부여되어야 하는가 하는 질문에 답변하기 위해 사도 바울의 말에 주목해야 한다. 바울은 "그리스도 안에서 때가 찬 경륜을 위하여……다 그리스도 안에서 통일되게(gather together in one) 하려 하심이라"(엡 1:9,10)라고 말한다. 우리는 여기서 '만물의 총괄갱신'이라는 표현을 사용했는데, 이는 교부들(이 모호한 용어는 지금도 때때로 '해를 끼치는 부류의 교회의 자식들[children-of-the-Church]'[10]을 가리키는 데 사용되곤 한다) 가운데 한 사람인 이레니우스(Irenaeus, 주후 140년경-202년경)가 실제로 이 구절을 번역하여 인용하면서 사용한 표현을 빌려온 것이다. 이레니우스는 에베소서 1장 10절을 언급하면서, 그리스도께서 승천하시고 하나님의 보좌 우편에 좌정하시는 것에 대해 논의한다. 바울이 그리스도께서 재림하여 만물을 "통일되게 하려 하신다"라고 말하는 부분에서, 이레니우스는 헬라어 '아나케팔라이오사스싸이(*anakephalaiosasthai*)'를 사용한다. 루 드 쥬넬(Rouet de Journel)은 이 단어를 매우 탁월한 라틴어 역본에서 '총괄갱신하다'라는 라틴어로 번역

---

10) 역자주 - 여기서 말하는 바 '때때로 해를 끼치는 부류의 교회의 자식들'이란 아마도 당시 화란 교회 안에 있던 분파주의 사람들을 가리키는 것이 아닐까 추측된다. 마치 '통일'이라는 말이 '통일교'에서 사용되어 부정적인 어감을 띠게 된 것과 비슷하다 할 것이다.

하였다.[11]

이런 측면에서 보면, 예수 그리스도가 승천하신 날은 이러한 만물의 총괄갱신이 시작된 날이다.

이 용어가 우리에게 도움이 되는가? 여기에 답하려면 바울이 에베소서 1장 10절에서 한 말을 번역할 때 그 사상의 핵심이 정확하게 담기는지를 보아야 한다. 로마 교회의 공식적인 성경인 불가타(Vulgate) 역은 에베소서 1장 10절을 번역하면서, 이레니우스와는 다르게 '회복(*instaure*)'이라는 용어를 사용한다. 그래서 '총괄갱신'이라는 용어에 더욱 주목하는 것이다.

여러 사람들이 총괄갱신이라는 용어를 사용해 왔다.[12] 그중 몇몇 견해들을 살펴보면서 바울의 의도를 파악해 보자.

존 오웬은 에베소서 1장 10절을 인용하면서, 하나님께서 그리스도 안에 두신 만물들의 '회복(recovery)'과 총괄갱신에 천사들이 포함된다는 견해

---

11) 역자주 - 총괄갱신은 이레니우스의 신학에서 중심이 되는 교리이다. 이 이론은 그리스도 안에서 모든 인류가 포괄된다는 뜻으로, 그리스도께서 모든 인류의 대표로서 구속 사역을 이루셨다는 것을 지칭한다. 곧 아담이 자신 안에 그의 모든 후손을 포함하는 것과 같이, 그리스도께서 아담을 포함하는 모든 백성들을 모든 방언과 인종을 망라하여 그리스도 안에서 갱신하셨다는 것이다. 그러나 이 이론은 성육신 자체가 속죄의 효력을 발휘한다고 보기 때문에 상당히 모호하다. 또한 세례를 통해 중생하고 죄 사함을 받는다고 하여 이신득의(以信得義)를 말하지 않으므로 유의해야 한다.

12) 예를 들어, 총괄갱신이라는 표현을 지지하는 사람들로 제롬(Jerome)과 이레니우스를 인용하는(Bibl. Cr.il., 92) 라피데(a Lapide)는 데시데리우스 에라스무스(Desiderius Erasmus)를 언급하면서, "정확한 번역이 중요한 점까지 되돌아오다"라고 하였다. 바타불러스(Vatablus)는 이 결론을 받아들이면서 "본질과 요약으로 축소시키다"라고 덧붙였다(95). 또한 클라리우스(Clarius)와 제거루스(Zegerus)의 견해를 참고하라. 클라리우스는 "요약 형태로 어떤 것을 간단하게 재진술하다"(98)라고 하였고, 제거루스는 "짧게 요약하고, 간단한 여백에 앞에서 길게 설명한 비밀 전체를 포함시키다"(99)라고 하였다. 이렇게 '총괄갱신'이라는 개념이 빈번하게 등장하면서, 그 해석에 대해 다양한 견해가 나타났다. 어거스틴(Augustine)의 견해에 대해서는 메노키우스(Menochius) 등을 참고하라.

를 밝힌다(John Owen, Works, I, 147). 그러면서 "만물을 자신 안에서 통일하시는 그리스도의 영광"(The Glory of Christ in the Recapitulation of All Things in Him, 『그리스도의 영광』[지평서원 역간, 233-247쪽 참고])이라는 글에서 이 주제에 대해 길게 진술한다. 오웬은 골로새서 1장 20절, 고린도전서 11장 3절, 에베소서 1장 22,23절을 언급하면서, 하나님의 세계에서 지금까지 흩어지고 분열되어 있던 것들이 한 머리 아래 하나님의 한 가족이요 한몸으로 재결합되는 구속의 능력을 찬미한다.

이런 해석들은 정확한가?

물론 에베소서 1장 10절에 사용된 헬라어를 달리 해석할 수도 있다. 예를 들어, '함께 모으다(gather together, KJV)' 또는 '연합하다(unite, RSV)'라고 해석할 수도 있다.

그것은 모두 이 특별한 단어가 유래한 원래의 '정서(atmosphere)'나 그 단어가 상기시키는 이미지가 가리키는 '영역(sphere)'에 관한 문제이다.

누군가의 견해에 따르면, 이 단어의 어원은 전투 장면과 연관된다. 군인들이 주부대와 연락이 두절되어 방황하고 있는 경우 가능한 한 그들을 주부대에 합류시켜야 하는데, 이렇게 합류시키는 것이 이 단어의 원래 의미라는 것이다.[13]

한편 그와는 다르게 해석하는 사람들도 있다. 그들은 산술적인 이미지

---

[13] 월피(J. C. Wolfii)가 *Curae Phil et Cr.*, 1734, p.23에서 인용하는 휴고 그로티우스(Hugo Grotius)와 하몬더스(Hammondus)의 견해이다. 그로티우스의 견해에 대해서는 다음을 참고하라. *Ann. in NT; Bibl.Cr. VIII*, i.l., col.106, 113/4. 그로티우스는 이 문제에 대해 확정하지 않는다. "이 의미가 여기에서 가장 적합하다"(*Bibl. Cr.*, 106).

로 설명한다. 숫자들을 더해 '합(sum)'을 내고 '결과(result)'를 보게 되는 경우, '합'을 나타내는 라틴어는 '*summa*'이다. 여기서 최종의 합이라는 개념을 가진 '절정(con-summation)'이라는 용어가 나왔다.[14] 이런 경우에 그리스도는 우리에게 최종적인 합을 보여 주시는 분으로 이해될 수 있다. 그분께는 모든 것이 함께 있다.

또 어떤 사람들은 회계 장부를 담당하는 사람을 염두에 두고 이 단어를 해석한다. 곧 금액을 합산[15]하여 그 총계[16]를 우리에게 주는 것과 같다는 것이다.

이러한 총괄(summary)과 요약(summing-up)은 헬라어로 '케팔라이온(*kephalaion*, '머리, 우두머리'라는 뜻)'이다. 사도 바울이 사용한 동사(아나케팔라이오사스싸이)가 바로 여기서 나왔다. 이러한 사고의 흐름을 따라가면 다음과 같은 결론에 이른다. 즉, 그리스도가 머리, 우두머리, 전체가 되시며, 동시에 '모든 것이' 그 안에 합쳐져 모인다는 것이다(여기서 합은 그 합 '속에' 포함된다. 즉, 모든 것이 그리스도를 포함하여 합쳐지는 합이 되는 것이다. 이는 '그리스도 안에서[in Christ]'라는 말과 함께 다소 낯선 방식으로 작용하는 독특한 맥락에 따른 것이다).

이 외에 다른 해석들도 더 있다. 어떤 사람들은 사도 바울 당시 유대인들이 사용했던 어느 특정한 단어에 주목한다. 그 단어는 '일치'나 '조화'라

---

14) Dinant의 에베소서 주석; Wolfii, 23; Cameron, *Bibl. Cr.* VIII, 101 참고.

15) H. Grotii, *Ann.*, i.l. 884, b.

16) 레이든(Leyden) 역본, Leidsche Vertaling: *in Christus saamvatten*.

는 의미를 가지는데, '머리' 또는 '합한 결과'라고 번역될 수 있는 어근에서 파생했다. 이 용어가 헬라어 '케팔라이온'과 함께 사용되어 '(합쳐져) 함께 모인 것' 또는 '서로 조화를 이룬 것'이라는 뜻을 가지게 된다. 결국 '평화롭게 함께 모인 것'이라는 뜻을 가지게 되는 것이다.[17]

마지막 견해로서, 수사학파와 관련된 해석을 살펴보자. 그들은 바울이 의미하는 행위가 앞서 더욱 상세하게 설명했던 바를 몇 가지로 간략하게 정리한 요점정리와 같다고 본다.[18] 보통 이런 요약은 '중립적'이거나 감정을 완전히 배제하지 않는다. 도리어 거기에는 훈계나 견책, 위로, 또는 법적 명령이 담긴 결론적 선언으로서 일종의 '적용'이 동반되어 나타난다.[19]

이러한 어원들이나 해석들을 다양하게 조합하는 경우도 볼 수 있다. 예를 들면, 어떤 사람은 인간이 소우주이며 우주의 축소판이므로 창조 세계의 모든 요소들을 함축하여(in a summary) 지니고 있으며, 둘째 아담이신 그리스도는 한 위격 안에서 하나님인 동시에 인간이시라고 주장한다. 그러면서 (만물의 축소판이요 소우주인) 인간이 결국 영원한 말씀이신 로고스(Logos)와 다시금 결합하게 될 것이라고 용감하게 주장한다.[20] 때로는 민법상의 문제에서처럼, '가장'과 헤어져 있던 '가족 구성원'(예를 들어, 가정의 '머리'인 남편과 헤어져 있던 아내)이 그 '머리'에게로, 그리하여 '가정'

---

17) Cameron, *Bibl. Cr.* 1.1.101.

18) 다음을 참고하라. Cameron, 1.1; a Lapide, i.v.475,b.

19) 다음을 참고하라. Aretius, *Comm. in N.T.*, 1612, i.l. 249.

20) 라피데(Lapide)가 *Bibl.Cr.,i.l.* 475/6에서 인용하는 이레니우스의 견해이다. 또한 잔키우스(Zanchius)의 *Opera*, t. VI. 19, b.에서 인용하는 포티우스(Photius)의 견해를 참고하라.

으로 되돌아오는 것과 같다고도 말한다. 여기서 가정이란 그 구성원이 원래 속해 있던 공동체이다. 이와 같이 지금 하나님과 분리되어 있는 창조 세계가 머리 되시는 그리스도께로 돌아올 것이며, '가정'으로 돌아오는 것이다.[21] 이런 경우에 창조 세계는 화해의 대상이 된다.[22]

이처럼 의견들이 분분하다.

자신의 결론에 도달하고 싶은 사람은, 여기서 사용되는 헬라어가 케팔레(*kephale*, 머리)가 아니라 케팔라이온이라는 사실을 기억해야 한다. 로마서 13장 9절과 히브리서 8장 1절에서 보듯이, 케팔라이온은 분명히 '총괄(summary)'이라는 의미를 가진다. 로마서 13장 9절에서 바울은, 두 번째 돌판의 계명들이 "네 이웃을 네 자신과 같이 사랑하라"라고 하신 말씀에 다 들어 있다고 말한다. 이것은 다른 모든 계명들에서 계속 반복되는 요점이다. 즉, 율법의 총괄인 것이다. 히브리서 8장 1절은 "지금 우리가 하는 말의 요점은 이러한 대제사장이 우리에게 있다는 것이라"라고 서술한다. 즉, 그것이 바로 신약성경에서 제시되는 요점이라는 것이다. 이것이 전체 논증을 총괄하는 핵심 요약인 것이다.

한편, 저자는 이러한 요점과 총괄을 선포하면서 자신의 책을 마무리한다. 이것이야말로 하나님께서 때가 차매 만물의 역사를 총괄하시는 방식이다. 하나님께서 총괄하실 것이다. 이것은 일종의 '소우주'나 모든 우주적 요소들의 '축소판'이나 살아 움직이는 모든 존재들의 '추출물'이라는

---

21) Aretius, op. cit.

22) Aretius, op. cit. .

의미에서의 총괄이 아니다. 그분은 만물의 역사를 총괄하시고, 그 역사 안에서 총괄하실 것이다. 또한 하나님은 그분 자신을 위해 그것들을 총괄하실 것이다(이때 '총괄하다'라는 동사는 중간태로 사용된다). 어떤 사람이 자유롭게 해석하듯이, 하나님께서 자신을 위하여 만물을 불러 모아 총괄하시는 것이다.[23)]

이것이야말로 역사의 완성과 총괄을 이끌어 내는 '만물의 총괄갱신'이 아닌가? 그것은 '보편적'이다. '만물'이 그 총괄갱신에 포함되고 완성될 것이기 때문이다.

그런데 이런 '만물'은 정지된 상태가 아니라 계속 움직이고 있다. 만물 안에서 하나의 역사가 진행되고 있다. 그러나 우리는 만물과 그것들의 움직임 자체에서 역사 진행의 의미를 찾지 않는다. 다른 장에서 언급했던 것처럼, 발화되고 기록된 하나님의 말씀이 아니라 사실들(facts), 곧 역사 자체가 수수께끼와 같기 때문이다. 다만 우리는 오직 하나님의 말씀 안에서, 그리고 그 말씀으로 말미암아, 만물과 그 움직임을 이해할 수 있다.

사실 인생 가운데 어느 누구도 만물의 역사를 한 줄의 수사문으로 총괄할 수 없다. 아무리 똑똑한 달변가라고 할지라도 그런 일은 불가능하다.

---

23) 여기서도 동사는 중간태이다. 로벗슨(Robertson)은 "인과적인 개념은……태(voice)가 아니라 동사 자체(-o/w) 때문에 나타난다"라고 말한다. Robertson, Grammar N.T., 2nd ed., 809.
역자주 - 헬라어에서 중간태는 동사에 따라 뜻이 달라지므로 해석하기가 쉽지 않다. 여기서는 '총괄하다'라는 개념이 하나님에 의해, 하나님을 위해 되돌아오게 된다는 의미로서 중간태적 의미를 가진다고 강조한다. 그러면서도 인과적인 개념이 태가 아니라 동사 자체에서 나타나는 것임을 덧붙임으로써, 인과적 개념으로서 총괄이라는 의미가 중간태라는 문법 사항보다는 총괄한다는 동사 자체에서 비롯되는 것임을 보여 준다. 결국 '총괄하다'가 문법적 형태로 중간태이면서, 동시에 그 동사 자체가 하나님을 위해 하나님께로 되돌아간다는 중간태적 의미를 담고 있음을 강조하는 것이다.

우리는 단지 조각난 부분만을 볼 뿐이다. 사실 우리 자신이 그렇게 조각난 부분에 불과하다. 메시아조차도 이런 측면에서 자신의 무능력을 고백하신다.

"그러나 그날과 그때는 아무도 모르나니 하늘의 천사들도, 아들도 모르고 오직 아버지만 아시느니라"(마 24:36).

하나님은 위대한 수사학자이자 연사이시고, 위대한 시인이자 창조주이시다. 그래서 그분은 '유일한' 총괄자요 계산하는 분(the Only Recapulator-Counter)으로 계시된다. 그분께서 계산하거나 더하시는 것은 어린아이들이 셈하는 것과는 다르다. 그분은 시간의 경영자로서 계산하신다. 그분은 참으로 무언가를 수행하고 계신다. 만물이 종국에 이르도록, 최종적인 결과에 이르도록 역사하고 계신다. 하나님은 기록된 성경과 역사 안에서 말씀하신다. 성경 안에서는 우리에게 계시의 말씀을 주시고, 역사 안에서는 자신을 계시하신다. 그러하기에 그분이 우리를 총괄하실 수 있다. 당연히 그렇게 하실 수 있다. 우리의 역사의 총괄은 곧 그분의 총괄이다. 우리가 태어나기 전부터 하나님은 그러한 역사의 총괄을 이미 마음에 품고 계셨다. 그분은 마치 청중을 휘어잡아 그들로 하여금 '다음에 무슨 말이 이어질까' 하고 기대하게 만드는 연사와도 같다. 그러다가 갑자기 "감사합니다"라거나 "아멘" 하고는 연설을 끝낸다. 그는 언제 연설을 마쳐야 할지, 그리고 지금까지 한 말을 언제 요약하고 총괄적으로 마무리해야 할지를 잘 알고 있다. 그런데 우리는 지금 하나님에 대해 이야기하고 있다. 그분은 연사이실 뿐만 아니라 창조주이시기 때문에, 그분의 말씀하심의 종결은 동시에 그분의 행하심의 종결이 된다. 그분의 말씀하심이 곧 행하심이고 행하심이 곧 말씀하심이기 때문에, 하나님께서 계시의 총괄에 도달하시면 곧 행하심의 총괄에 이르시는 것이다. 역사 속에서 말씀하시는 것이 종결되면, 또한 역사 속에서 행하심과 일하심과 만물을 움직이심도 완성된다.

시편은 이렇게 기록한다.

"이새의 아들 다윗의 기도가 끝나니라"(시 72:20).

여기서 "끝나니라"의 헬라어는 '아나케팔리오세(anakephalaiose)'인데, 우리가 지금 다루고 있는 본문에서 사용되는 단어와 동일하다. 연사가 사용하는 재귀적인 총괄(reflexive summary)과 실행하는 이의 최종적인 행위가 동일한 것이다. 그러나 이것은 오직 하나님께만 해당하는 일이다.

또한 이 모든 일은 '그리스도 안에서' 하나님께서 이루시는 일이다. 영원 전부터 성부와 성령과 더불어 그와 동등하신 분(골 1장 참고)으로 밀접하게 연결되어 있는 성자(로고스)이실 뿐만 아니라, 하나님의 보좌 오른편에 앉아 영광스럽게 되신 구세주이신 '그리스도' 안에서 그 일을 이루신다. 하나님은 이렇게 영광스럽게 되신 그리스도 안에서 선악 간에 복과 심판으로 만물을 통치하신다. 영원 전 협약에서 의논하신 대로, 그리고 말씀하심과 행하심으로 계시하고 성취해 오신 대로, 그리스도 안에서 만물을 그 종국에, 그 완성에 이르게 하신다.

이러한 사실은 그리스도가 영화롭게 되시는 데 매우 중요한 의미를 가진다. 인자는 하나님께서 온전하게 권위를 입히신 중보자로서 만물을 손 안에 쥐고 계신다. 하나님의 연설이 중반에 이르렀다. 역사가 절정에 이르렸다. 위대한 드라마의 세 번째(절정) 무대가 완성되었다. 이제 만물이 대단원에 다다를 것이다.

바울이 말한 대로, 그리스도께서 이러한 대단원에 이르는 일을 주도하신다. 오직 하나의 역사만 있을 뿐인데, 이 역사는 예수 그리스도께서 주도하시기에 그리스도적인 성격을 띤다. 또한 역사는 그리스도에게서 모든 것을 가져오시는 성령께서 통치하시기에 성령적인 성격을 띤다.

우리는 신문을 읽고 라디오를 청취하면서, 이 유사 민주주의 시대에 이름뿐인 민주 투사들이 체계적으로 기만적이고도 은밀한 외교술을 펼쳐 우리에게 감추려고 하는 것들의 진상이 무엇인지를 알아내려 한다. 그러나 우리는 그 총괄적 개요를 찾을 수 없다. 어떤 연사도 자기가 의미하는 바를 정확하게 말할 수 없다. 자신의 총괄적 개요조차도 알지 못하는 셈이다. 이것은 그가 역사의 발전에 떠내려가고, 그 프로그램들이 특정한 시대에 속한 것인 데다가, 그 기간이 점차 짧아져 가기 때문이다. 그러나 하나님은 그리스도 안에서 그의 마음속에 모든 총괄적 개요를 지니고 계신다. 그래서 모든 역사를 마무리하실 때, 비로소 그분이 계획하셨던 총괄적 개요를 모두 드러내신다. 그때 그것을 보고 압도되지 않을 사람은 복이 있을 것이다!

그리스도가 '만물'의 총괄적 개요를 통치하신다. 그런데 그리스도는 '회중'에게만 '머리'가 되신다. 그분은 만물의 축소판이나 소우주로서 그 가운데 계신 것이 아니라, 만물을 훨씬 뛰어넘는 그들의 절대적인 통치자로서 계신다.

"교회의 머리에 만물의 총괄적 개요가 있다." 이런 진술은 교회 자체가 하나의 문화적 국가라거나 그런 것이 될 수 있다는 이론들을 배격한다. 또한 교회가 문화의 전형일 뿐만 아니라 '직접적인' 문화 사업이 된다고도 전혀 암시하지 않는다. 이런 잘못된 입장에 따르면, 교회란 하나의 협회로서 조직되어야 하며, 교회라는 이름을 그 밖의 다른 것에 절대 넘겨줄 수 없다. 그래서 학교, 가정, 사회생활, 정치생활 등에서도 기독교적인 공동체라는 특징이 드러나도록 '유기체로서의 교회(the Church as organism)'라는 개념을 인정하려 한다. 그러나 그것은 잘못이다. 교회에 대한 이런 식의 개념은 교회를 죽이고, 교회에 폭력을 행사하는 것과 같다.

교회는 하나님의 말씀이 선포되는 예배 가운데서 문화에 대해 구체적으로 강연하지 않으며, 모든 종류의 기술적이고도 전문적인 용어들을 가르치지 않는다. 또한 사람들의 교양을 쌓는 대학으로 가장하지도 않는다. 오히려 교회는 하나님의 말씀을 선포함으로써, 삶의 모든 영역을 약속과 규범 아래에 둔다. 하나님은 자신의 위대한 약속을 공적인 말씀 사역과 긴밀히 연결시키신다. 그 공적인 사역은 바로 '중생의 씨앗'을 뿌리는 일이다(롬 10:17 참고). 벨직 신앙고백서 24항은 믿음이 중생하게 한다고 설명한다.[24] 이 중생은 교회 안에서 선포되는 하나님의 말씀을 통해 자녀들에

---

[24] 역자주 - 상당히 많은 현대의 개혁신학자들이 전통적인 신앙고백들과는 달리, 구원의 서정에서 중생을 믿음 이전에 둔다는 점은 무척 흥미롭다. 대개 그들은 역사적인 신앙고백들을 존중하면서도, 그 당시 중생의 개념이 너무 넓어서 혼란스러웠기 때문에 그 개념을 축소해야 한다고 말한다. 그리하여 오히려 성경에서 발견되는 개념보다 더욱 좁혀 버리는 경향들을 띤다. 그러므로 중생에 대한 개혁신학적 정립이 필요한 시점이다. 그들과 달리, 스킬더는 이 점에 대해 전통적인 신조의 고백을 그대로 받아들인다.

게 일어난다. 이와 같이 교회는 하나님의 사람이 위로부터 오는 능력을 '덧입는' 사랑방이 될 수 있으며, 그렇게 되어야 하고, 그렇게 되도록 허락받았다.

하나님의 사람들은, 그리스도의 영이 그리스도께서 획득하신 은혜의 보화들을 분배하시는 교회를 통해 세상의 모든 인간의 활동 위에 하나님의 통치, 곧 하늘 왕국을 쏟아 부어야 한다. 그리하여 이 왕국을 선포하고, 그런 활동들을 통해 이 하늘 왕국을 보여 주어야 한다. 교회를 제거해 보라. 그리하면 하나님의 왕국은 참으로 모호한 것이 되어 버릴 것이다. 하나님의 왕국을 안개 속에 두어 보라. 그리하면 그리스도가 부정될 것이다. 문화의 문제에서도 마찬가지이다. 교회야말로 그리스도가 성령으로 말미암아 하나님의 자녀들을 태어나게 하시는 곳이다. 오직 교회, 즉 신자들의 어머니만이 '새사람'을 낳으며, 그 새사람들이 세상에서 문화적인 삶에 관한 모든 짐들을 담당하게 된다. 오직 교회만이 새사람들을 깨지지 않는 교제로 결합시키고, 삶의 모든 관계들, 심지어 교회 밖의 모든 관계들에 대한 규범까지도 가르친다. 교회만이(소위 말하는 성직자들이 아니라) 하나님 말씀을 담당하며, 민족 공동체 가운데서 그 시대와 장소에 적합한 언어로 하나님의 규범을 선포할 수 있다. 또한 교회만이 그 민족을 위해 어떤 자원들을 어떻게 개발할 수 있는지, 그리고 어떻게 개발해야 하는지를 가르칠 수 있다.

기독교회가 강성할 때는 기독교 예술이 흥왕했고, 사람들의 관심을 하늘로 이끄는 문화가 발전했다. 그런데 오늘날 우리는 경악스러운 영화들과, 혐오스러운 무대 장치들을 포기할 줄 모르는 저급한 공연에 빠져들고 있다. 신문들은 선정적인 제목으로 독자들의 시선을 끌고, 라디오에서는 소설을 대화 형식으로 바꾸어 실없는 말들만 늘어놓고 있다. 그런 것이 그들이 생각하는 '방법'이다. 심지어 교회당 현관의 게시판에 분주한 교회 활동들을 공지하는 것조차 주저하는 처지가 되어 버렸다. 남자들의 세계는, 기사의 내용들을 읽지도 않은 채 단지 제목만 훑어보고는 자기가 생각하고 싶은 대로 상상하는 수준이 되어 버렸다. 사업과 무역, 출판과 정치의 영역에서는 사악함과 자기 숭배가 자행되고 있다. 그로 인해 보편적으로 뻔뻔스러운 부패가 만연하고, 전면적으로 죄악이 분출되고 있다. 일상적으로 읽게 되는 글들과 순간적인 구호들이 이런 현상을 부추기기 때문이다. 이처럼 죄의 전면적인 분출 현상이 너무나 쉽고 빠르게 형성되면서, 개인은 무력감을 느끼게 되고, 더 이상 그런 현상을 두려워하며 떨 시간조차 없다고 생각하게 된다.

그러므로 기독교 문화의 유익을 위해, 곧 자신의 감각과 목적에 충실한 문화를 위해, 우리는 모두 그리스도의 몸 된 교회를 세우는 데 온 힘을 쏟아야 한다. 교회를 제거해 보라. 그리하면 진정으로 인간적인 것이 사라지고, 그저 자기 자신의 부패를 자랑하는 인본주의가 판을 치게 될 것이다. 교회와 교회의 고백들을 제거해 보라. 그리하면 문화적 '우월감(*hubris*)'만이 흘러넘칠 것이다(물론 그 우월감은 겸손한 모습으로 가장하고 있을 것이다). 철학적 낭만주의가 번성할 때, 그 우월감은 독일 전역에 최면을 걸었다. 그리고 다른 사람들도 모두 개인주의적으로 형성된 인간들의 자율적이고도 자급자족적인 진동(oscillation)이라는 내재적 범신론적 신조에 의해 최면에 빠져 버렸다. 그렇게 형성된 개인들이 온 우주에 붙고 있는 신적인 영과 더불어 진동하고 있다는 것이다. 그 마지막 단계에 이르러 슐레겔 형제(Schlegel brothers)가 주장했던 낭만주의의 한 분파가 피히테(Fichte)의 모든 구호들과 동시에 상호 대립하는 지경까지 이르렀지만, 그 깊은 뿌리, 곧 인간이 신과 더불어 성숙해 간다는 사상은 근본적으로 제거되지 않았다. 국가사회주의의 문화는 바로 그것을 증명하고자 시도했다.

교회를 제거해 보라. 우선 지역 교회 신자들의 교제를 제거하고, 나아가 국가 단위와 국제 단위로 연대를 형성하고 있는 모든 교회들을 제거해 보라. 그리하면 단지 '최강자'만이 권좌에 오르는 '문화적 투쟁'의 '진동'만이 남을 것이다.[25] 만물에 내재하는 '그' 권한에 관한 범신론적 구호는, 이제 자신의 은혜로 만국의 왕들을 문화를 위한 목자들로 삼은 신적 입법자의 이름으로가 아니라 '정의'의 이름(세이스 인쿼트[Seyss Inquart, 1940년대에 독일이 점령했을 당시 화란 정부의 권리청 청장])으로 사람들을 심판하는 재판석을 세우게 될 것이다. 그렇게 되면 '최강자의 권리'가 가장 간단한 재판 기준이 된다. 정의와 권력의 공식이 마침내 합의를 보는 것이다. 교회가 쇠퇴함으로써 마지막 날 교회 구성원들의 시체 더미 위에 서게 될 독재자를 위한 무대가 만들어진다. 적그리스도가 그 위에 서게 될 것이다.

---

25) 역자주 - 저자는 바로 앞에서 설명한 내재적 범신론적 신조에서 사용되는 진동(oscillation)이라는 단어를 사용하여 오히려 그들을 냉소하고 있다. 또한 다윈의 진화론과 히틀러의 『나의 투쟁』(Mein Kampf)을 연상시키는 용어들('최강자')을 사용하는 데 유의하라.

그는 가장 극악무도한 자신의 체계를 따라 모든 사람을 훈련시킬 것이다. 교회는 가장 작은 부분에서라도 직접적으로 문화의 중심이 되어서는 안 된다. 오히려 가장 간접적인 의미의 문화 세력이 되어야 한다.

교회는 그리스도의 신부이다. 교회는, 민족들의 모든 영광을 자신에게로, 그리고 자신의 하나님에게로 불러 모으고 가장 완벽하게 균형 잡힌 도시를 세우시는 분을 신랑으로 삼은 신부이다. 바로 새 예루살렘이라는 정육면체의 도시 말이다.

28

성경적인 문화관 6 _ 그리스도 없이는 참된 문화도 없다

여섯 번째 결론은, 사람이 그리스도를 따를 때만 문화적 삶에서 가치 있는 존재가 될 수 있다는 것이다. 문화는 언제나 공동의 행위이다. 그러나 하나님의 영으로 묶이지 않은 집단은, 다수를 위한다는 이유로 그 안에 속한 개인들의 마땅한 권리들을 묵살함으로써 그들을 무기력하게 만든다(독재자가 구세주로 여겨지는 현상 자체가 그에 대한 증거이다). 때로는 이런 현상으로 인해 개인이 집단에 복종하는 것이야말로 독재자가 얻는 신성하고도 불멸하는 장식이라는 인상을 주며, 결과적으로 그들 모두가 독재자를 찬양하고 숭배하게 된다. 이런 것에 기초한 국가 운동이 대중들을 선동하고 휘몰아 가겠지만, 그로 인해 개인의 개성은 몰살되고 만다. 여기에 '참여하는 것'은 결국 '동조하는 것'에 불과하다.

구약성경에서 시내 산의 율법은 교회 전체가 아니라 이스라엘 백성 개

개인을 향해 선포되었다. 또한 신약성경에서 선포된 바 문화를 위한 위대한 표준이기도 했던 산상수훈도 그러하다. 따라서 문화적 삶에서도 공동의 투쟁에 참여하는 개개인이 언제나 하나님께서 말씀하시는 직접적인 대상이 되는 것이 마땅하다. 그리스도를 따르되 그리스도를 통해 명확한 의식을 가지고 자발적으로 직무담지자가 된 사람만이, 모든 것을 삼키는 문화의 소용돌이 속에서도 자신의 정체성을 보존할 수 있다. 그런 사람만이, 집단적으로 동원된 '인력(man-power)'이 개인을 강제로 질질 끌고 가 짓밟는 가운데서도 자신을 지킬 수 있다. 여기서 '인력'이라는 말은 전쟁을 위해 동원된 군대를 묘사할 때 사용되는 경멸 어린 용어이다. 마치 '노동조합'의 위원회는 그런 식으로 행동하지 않는 것처럼, 왕들과 독재자들을 이러한 '인력'을 동원하는 자들로 묘사하곤 한다.

그런데 반석이신 그리스도로부터 떨어져 나온 사람은 (자신에게 결정권이 있는 한) 자신을 분리시키지 않는다. 그로써 그는 언제나 자신을 (멸망을 위하여) 구별시키는 셈이다(고전 2장 참고).

십계명이 이스라엘 백성들 개개인에게 선포되었고, 산상수훈이 다른 사람에게뿐만 아니라 기독교인 개개인에게 선포되었다. 그와 같이 성령님은 선포되는 하나님의 모든 말씀에 자신을 결합시키시면서, 재창조를 통해 하나의 국가(빌 3:20 참고)를 세우신다. 우리가 그 국가의 시민이며, 그 중심과 왕궁이 하늘에 있다. 지상에서 그 나라는 놀라운 일들, 특히 하나의 공동체를 창조한다. 하늘에 속한 그 국가는 지상에 속한 국가에 결코 대항하지 않는다. 오히려 지상의 국가가 하늘의 국가에 속한 시민들에게 하늘의 국가를 부인하라고 명령하는 순간, 참으로 고통스럽게도 너무나 무력하여 그 배도의 물줄기를 막을 능력이 없을 때가 많다. 그러나 모든 문화의 쇠퇴기에도, 그렇게 무력한 가운데서도 하나님의 위대한 청지기요 관리자께서 '세상의 소금'을 보존함으로써 결국 이 세상을 건전하게 유지하신다.

산상수훈을 그대로 따르려는 사람들은 누구라도 고린도전서 5장 10절 말씀을 대하면서 깜짝 놀랄 것이다.

"이 말은 이 세상의 음행하는 자들이나 탐하는 자들이나 속여 빼앗는 자들이나 우상숭배하는 자들을 도무지 사귀지 말라 하는 것이 아니니 만일 그리하려면 너희가 세상 밖으로 나가야 할 것이라."

언뜻 보면 이 말씀이 타협하라는 것 같기 때문이다. 산상수훈을 따르려는 사람들은 윤리적으로 타협하라는 설교를 결코 편안한 마음으로 들을 수 없다. 그렇게 하려면 이리저리 부대껴 결국 상처가 생기고, 사면이 꽉 막히게 되어 버리지 않을까? 산상수훈은 여기서 말하는 이런 식의 체제를 가증스럽게 여기지 않는가? 그것이 "내 백성아, 거기서 나와 그의 죄에 참여하지 말고 그가 받을 재앙들을 받지 말라"(계 18:4)라는 종말론적 요청이 아닌가? 더욱 직접적이고도 분명한 종말론적 동기가 있는 것이 아닌가?

그러나 그렇지 않다. 바벨론에서 나오는 것과 세상에서 나오는 것은 전혀 다른 문제이다. 성경에서 '세상'을 종종 '바벨론'으로 지칭하지만, 반드시 그런 것은 아니다. '음녀(창녀)'를 떠나고 버리라는 것은 여성 됨 자체를 비난하거나 여성성을 멸시하라는 것이 아니다(겔 16장 참고). 음녀의 죄에 참여하지 않는다고 해서, 피조물 됨과 '수누시아'를 부정하거나 포기하는 것은 아니다. 그러므로 고린도전서 5장 10절에서 바울이 전하는 말은 산상수훈에서 발견되는 양식과 사고의 복합성과 모순되는 것이 아니라, 오히려 원래 그 안에 담겨 있는 개념이다. 왜냐하면 산상수훈은 '이' 세상에서 하나님의 선교사들이요 '새로운' 세상의 건축자로 살아가야 할 기독교인들에게 선포된 말씀이기 때문이다. 그러하기에 그 어떤 기독교인도 세상 밖으로 나가는 것이 용납되지 않는다. 그는 이 왜곡된 세상 속에 살면서 하나님 앞에서 자신의 의무를 성취해 가야 한다. '이' 세상과 '이' 세상에서 나가지 말라는 명령은, 궁극적으로 다른 사람들과 접촉할 수밖에 없는 우리의 처지(수누시아)와 날마다 교제해야 할 우리의 의무(코이노니아) 사이에 끊임없는 긴장을 야기한다. 이때 하나님께서 원하시는 '코이노니아'는 타락한 이 세상에서 안틸레고메나(*antilegomena*)[26]에 해당한다. 곧 이 세상에 속한 것들에 반대하여 참된 것을 보여 주는 표징적인 일인 것이다.

산상수훈에서 직무담지자에게 주는 교훈을 제거해 보라. 그리하면 '육체'는 두렵게도 세상 밖으로 나가지 말라는 말을 오용할 것이다. 마치 백지 위임장을 받은 것처럼, '육체'를 즐겁게 하는 모든 일을 허락받은 듯 여길 것이다. 그러나 정반대여야 한다. 홀베르다(B. Holwerda)는 다음과 같이 말한다.

---

26) 역자주 - 원래 이 용어는 성경의 정경론에서 논쟁이 되었던 책들을 가리킨다. 저자는 이 용어를 비유적으로 사용하고 있다.

만일 이 말을 사용하고 싶다면, 여기에 쓰여 있는 그대로 정확하게 사용해야 한다. 이것은 세상에서 살아갈 때 원칙을 무시하고 조심스럽지 않게 살아도 된다는 뜻이 아니다. 왜냐하면 바로 앞에서 바울 사도가 "너희가 그리스도의 십자가로 구속함을 받았고, 이제 오직 순전함과 진실함의 잔치를 즐거워해야 한다"라고 말하기 때문이다……여기에서 언급되는 모든 것이 절대적으로 진지하다. 그것들은 갈보리 십자가와 관계되어 있다. 그러므로 교회와 관련되어 있는 한 만사를 쉽게 여겨서는 안 되며, 특히 교회의 권징과 관련해서는 더욱 그러하다. 이렇게 말하고 나서 바울이 "그래. 세상에 살면서 그렇게 심각할 것 없다"라고 말하리라 예상되는가? 그와 반대로 그는 매우 진지한 태도를 견지한다. 이는 곧 갈보리 십자가 때문에 우리가 세상과 더불어 나누어야 할 일들을 참으로 진지하게 고려해야 한다는 것이다……교회 안에서 불경건한 자들과 교제하는 것이 허락되겠는가? 그럴 수 없다. 하나님께서 우리에게 (세상의 열쇠가 아니라) 하늘의 열쇠를 주셨기 때문이다……세상에서 불경건한 자들과 접촉하는 것이 허용되는가? 그렇다. 참으로 허용된다. 그렇지 않다면, 세상 밖으로 나가야 하기 때문이다.[27]

---

27) Prof. B. Holwerda, *De reformatie van onzen "omgang,"* Utrecht, 1947, p.15.

29

성경적인 문화관 7 _ 문화는 끝이 없는 과제이다

　　　　일곱 번째이자 마지막 결론은, 부르심과 직무에 대한 개념에서 출발하여 기독교 문화에 관해 더욱 일관적이고도 논리적으로 사고해야 한다는 것이다.

　기독교 문화이론가라면, 앞에서 거부했던 '일반은총'이라는 개념을 출발점으로 삼아서는 안 된다. 원래의 부르심, 창조 때 주어진 과제, 즉 원래의 직무에서 출발해야 마땅하다. 그렇게 해야 문화적 낙관주의나 문화적 모멸에 빠지지 않을 것이다.

　이런 생각을 버린다면, 우리 중 가장 뛰어난 인물이라 하더라도 실수하기 시작할 것이다. 예를 들어, 아브라함 카이퍼는 그의 책인 『과학과 예술에서의 일반은총』(*De Gemeene Gratie in Wetenschap en Kunst*, 1904)에서 "종교가 최상의 형태에서 예술적 의상을 벗는다"는 폰 하르트만(Von

Hartmann)의 견해에 동조한다(Ibid., p.44). 그러나 '종교'에 관한 이런 논리적 추론은 유신론적이라기보다 범신론적인 것이 아닌지 염려스럽다. 또한 우리는, '종교'가 '종교 그 자체'에 옷을 입히는 것이 아니라, 오히려 종교가 그 종교의 예언자들을 전례 학자들(liturgists)로 만들고(물론 그들뿐만 아니다) 모든 예언자들에게 직무의 옷을 입히는 것이라고 이해한다. 예술가들도 이러한 의상들을 만드는 데 참여할 수 있을 것이다. 예술가만 그럴 수 있다는 것이 아니라, 예술가도 그렇게 할 수 있다는 것이다(어느 누구도 옷감 짜는 직조기를 독점하지 않는다). '종교'는 결코 예술적인 의상으로 옷 입었던 적이 없다. 그 대신 많은 사람들에게 직무의 문양을 새겨 넣은 예술적인 의상을 제공하고, 그들에게 직무의 옷을 입혀 왔다. 이 문양이 계속 그 옷에 남아 있고, 옷을 입은 사람이 그 문양을 참아 낼 것이라고 생각하면서 말이다. 이 직무의 의상을 결코 내던져서는 안 된다. 오히려 그 의상의 독특함이 계속 새로워져야 한다. 그래서 우리는, 칼빈주의 안에서 하나님을 섬기는 일이 인생의 모든 영역에서 자신만의 독특한 양식을 가져야 한다고 말했다. 앞에서 언급했던 '제어'와 '자제함'에 방해되지 않을 정도까지 그렇게 되어야 하는 것이다.

앞에서 언급한 문제에 관해 말하자면, 우리는 '내재적인 종교 의식,' 곧 그 자체를 종교 문화 속에서 표출하고 실현해 가려는 종교적 의식에서 우리의 표준을 추구하지 않는다. 인간은, 특히 경건한 사람은 자신이 만족하는 삶을 살기보다는 자신의 직무를 완수하는 삶을 살고자 하기 때문이다.

자신의 직무를 의식하게 되면, 언제나 하나님의 계시의 말씀으로 되돌아가 무엇이 규범인지를 다시금 배우게 된다. '자연'은 수수께끼 같아서, 성경의 빛이 비치지 않는 한 우리에게 아무것도 가르쳐 주지 않는다. 문화적 과제와 관련하여 자신의 직무를 지속적으로 자각하는 것은 그리스도인이 선지자로서 언제나 하나님의 말씀에 이르게 한다. 그런 자각은 그리스도인이 제사장으로서의 삶에 대한 애정과 문화를 향유하는 아가페로서의 직무를 자신의 에로스라는 순전히 자연적인 기능과 절대 혼동하지 않게 한다. 그렇지 않으면 에로스에 의해 하나님의 부르심을 따른 양 혼동하게 된다(팔리에터는 이교도이다). 그리고 그런 자각은 그리스도인이 왕으로서 인생 자체를 위해 인생을 추구하는 것이 아니라, 오히려 창조주의 영광을 추구하게 한다. 자신이 바로 그분의 종이요 대리자라는 것을 알기 때문이다.

그래서 이 문제의 핵심은 하이델베르크 요리문답 12주일의 두 번째 답변[28]에 있다. 그 내용이 시사하는 바에 따르면, 존 칼빈은 그의 제자 우르시누스(Ursinus)와 올레비아누스(Olevianus)를 통해 하나님의 은혜로 문화의 선지자가 되었다. 칼빈은 인간의 직무라는 개념을 가르치고, 그것을 심오하게 구성했다. 또한 죄와 은혜의 투쟁, 그리고 복종과 불복종의 갈등이 문화에서 참으로 중대한 의미를 가진다는 점을 가르쳤다. 칼빈에게서

---

28) 역자주 - 하이델베르크 요리문답 32문답
  질문: 그런데 당신은 왜 그리스도인이라 불립니까?
  답: 왜냐하면 내가 믿음으로 그리스도의 지체가 되어 그의 기름 부음에 참여하기 때문입니다. 나는 선지자로서 그의 이름의 증인이 되며, 제사장으로서 나 자신을 감사의 산 제물로 그에게 드리고, 또한 왕으로서 이 세상에 사는 동안은 자유롭고 선한 양심으로 죄와 마귀에 대항하여 싸우고, 이후로는 영원히 그와 함께 모든 피조물을 다스릴 것입니다.

배운 사람들은, 예컨대 과학 기술이 엄청나게 발전했다고 해서 그것을 지나치게 강조하면서 "인간은 기술을 통해 승리하되 죽음에 이르기까지 승리한다"[29]라는 식으로 결코 말하지 않을 것이다. 그것은 옳지 않은 말이다. 어떤 사람이 문화적 영역에서 죽음을 맞이하는 것은 결코 문화적 행위의 결과가 아니다. 그것은 그저 자신의 직무를 완성하되 불순종하고 불성실하게 임한 결과일 뿐이다.

"하나님께서 지으신 모든 것이 선하매 감사함으로 받으면 버릴 것이 없나니"(딤전 4:4).

칼빈의 자족 개념은 반(反)영지주의적이다.

"예수 그리스도와 문화," 이제 드디어 결론에 이르렀다.

이제 마음이 열릴 수 있을 것이고, 입술도 그러할 것이다. 이제 손들이 일할 준비가 되고, 발들도 분주히 봉사할 수 있을 것이다. 예수 그리스도를 따르는 사람은, 그분을 따르는 동안에 당당하고 건전하다. 그분을 따르지 않으면, 총회와 잔치의 날(주님의 최후 만찬의 자리)에 자기가 사망 가운데서 거짓말했노라고 분명히 고백하게 될 것이다. "인간이란, 인간적인 그 어떤 것도 자신과 상관없는 것으로 여기지 않는 존재이다(*Homo est, humani nihil a se alienum putat*)."[30] 또한 인간은 자신이 행하고 말한 모든

---

[29] 독일 루터교 계통의 목사로서 에큐메니칼 운동에 헌신한 릴예(H. Lilje,1899-1977)가 한 말이다.

[30] 역자주 - 로마 시대의 극작가 플라우투스(Titus Maccius Plautus, BC 254-184)가 한 말이다. 스킬더는 그의 말을 인용하여, 사람이 마지막 심판대 앞에서 자신의 거짓말을 인정할 수밖에 없을 것임을 강조하고 있다.

것에 아주 굳어져 버렸다. 낭만주의 시인 노발리스(Novalis)는 이렇게 노래한다.

> 어둠이 깊어지는 곳마다
> 새 생명이 돋는구나, 신선한 피를 흘리면서.
> 우리를 위해 영원한 평화를 세우려고
> 그분께서 생명의 강물에 뛰어드셨도다.
> 양손에 무언가를 가득 들고 우리 가운데 서 계시는구나,
> 우리 모두의 기도를 사랑의 눈길로 들으시면서.

그렇다, 당연히 그렇다. 그분은 우리 모두의 기도를 들으실 뿐만 아니라, 우리 모두의 행동, 아니 우리보다 더욱 이성적인 목적을 가진 사람들의 행동들을 지켜보신다. 성경의 기자들은 한목소리로 외친다. "자는 자들은 밤에 자고 취하는 자들은 밤에 취하되, 우리는 낮에 속하였으니 (더욱) 정신을 차리라"(살전 5:7,8 참고).

그런데 낭만주의자인 노발리스는 결국 범신론자이자 범그리스도주의자이다. 그래서 그는, 어둠이 깊어지는 곳, 곧 대조되는 것들이 더 이상 구별되지 않고 서로 반대되는 것들이 연합되는 곳, 결과적으로 의도적인 행위나 근본적인 반정립을 의식하는 행위가 없는 곳에서 생명이 다시 솟아오른다고 말한다. 그러나 우리의 그리스도는 오직 낮에 속한 자들만을 아신다. 낮의 빛은 모든 것을 구별한다. 우리의 그리스도는 (감정적인 기도를)

단순히 듣고만 계시지 않고, 우리가 우리의 삽과 망치, 책, 바늘과 붓 등의 도구들을 어떻게 사용하여 이 세상으로부터 하나님께서 그 안에 두신 모든 것(우리 자신을 포함해서)을 이끌어 내는지를 지켜보신다.

많은 사람들이 "제발 종말론적 설교를 해 주시오!"라고 외친다. 또한 우리가 종말론적 방식으로 씨를 뿌리고 톱질하고 비행하고 전보를 쳐야 한다고 외친다. 어딘가에서는 종말론적 '신학'을 요구한다. 그러나 모든 곳에 필요한 종말론적 문화에 대해 이야기하는 편이 더 나을 것이다.

노발리스는 이렇게 노래한다.

복으로 가득 찬 하나님의 동산에서
우리 신실하게 그 꽃봉오리와 꽃들을 보살피자꾸나

이에 대해 우리는 이 세상이 더 이상 하나님의 동산, 곧 에덴동산이 아니라고 답변한다. 에덴동산은 언젠가 회복될 것이다. 그러나 현재 이 세상은 작업장이고 경주장이며 건축 현장이다. 우리가 하나님을 만나는 장소는, 노발리스가 생각하는 것처럼 영혼을 위해 특별히 마련된 곳이나 영혼이 '종교'라는 것을 수행하는 심히 낭만적이고도 은밀한 장소가 아니다. 또한 하나님과 본성 사이에 경계가 허물어진 채 어스름한 빛 가운데 있는 '우주'에서 하나님을 만날 수 있는 것도 아니다. 하나님의 대광장은 오늘날 그분의 작업장이다. 그곳은 이 세상만큼 넓다. 그리고 그곳에는 우리의 작업장, 우리의 공장, 부엌, 연구실, 공연장이 있다. 즉, 그곳은 수학적인 가상의 평면이 아니라, "하나님의 사람으로 온전하게 하며 모든 선한 일을 행할 능력을 갖추게"(딤후 3:17) 하는 장소이다. 그곳에 "꽃봉오리와 꽃들"이 있다면 그것들을 신실하게 보살피기도 하겠지만, 광야와 같은 곳을 아름답게 가꾸기 위해 장화를 신고 험한 일을 하며 잡초를 뽑는 일도 해야 한다.

그것은 정말 '끝없는 과제'가 아닌가? 정말 그렇다. '그리스도 안에서' 이런 끝없는 과제를 아는 사람은 '바보'이다. 다른 사람들은 그를 진정 무모한 자로 생각한다. 그러나 그는 진정 옳다.

예수 그리스도를 따르는 우리에게 문화적 과제는 당연히 '끝없는 과제'이다. 옳은 방식으로 교인들의 가정을 방문하는 우리의 지혜로운 장로야말로 복된 자이다. 자신은 모를 수도 있지만, 그런 사람이 참으로 하나의 문화 세력이다. 사람들이 그를 욕한다 하더라도 내버려 두라. 그런 사람들은 지금 자신들이 무엇을 하고 있는지를 알지 못한다. 뒤집어 생각해 보면, 그런 사람들이야말로 문화적 게으름뱅이들일 뿐이다!

옮긴이 **손성은 목사**는 부산대를 거쳐 서울대학교 대학원에서 심리학을 공부하던 중, 목회를 꿈꾸고 부산고려신학대학원을 졸업하였습니다. 목회수련을 받다가 1997년에 영국으로 건너가 런던현대기독문화연구소, 런던개혁침례신학교를 거쳐 런던신학대학에서 '현대해석학에 기초한 회심과 문화의 연관성'에 대해 연구하였습니다. 현재 천국제자들교회를 개척, 담임하고 있습니다. 역서로는 『한국교회 성장의 비결』, 『기독신앙과 학문』, 『회심 하나님께로 돌아서다』, 『영혼의 의사』, 『하나님의 인도하심』, 『은사주의 운동비판』, 『바로 알아야 할 거듭남의 본질』, 『결정적 한 걸음』, 『성도가 성도되게 하라』 등이 있습니다.

그리스도와 문화

지은이 | 클라스 스킬더
옮긴이 | 손성은
펴낸곳 | 지평서원
펴낸이 | 박명규

편　집 | 정　은, 김희정, 김일용
마케팅 | 김정태

펴낸날 | 2017년 4월 15일 초판
　　　　 2017년 6월 22일 초판2쇄

서울 강남구 선릉로107길 15 (역삼동) 지평빌딩 06144
☎ 538-9640,1　Fax. 538-9642
등　록 | 1978. 3. 22. 제 1-129

값 12,000원
ISBN 978-89-6497-065-2-93230

메일주소　jipyung@jpbook.kr
홈페이지　www.jpbook.kr
페이스북　www.facebook.com/jipyung
트 위 터　@_jipyung